世界紛争の真実

ミカエル vs. ムハンマド

大川隆法
Ryuho Okawa

ムハンマドの霊言（2010年2月16日）

ミカエルの霊言（2010年2月16日）

ムハンマドの霊言（2010年2月16日）

本霊言は、2010年2月16日、幸福の科学総合本部にて、質問者との対話形式で公開収録された。

まえがき

「宗教を信ずる者同士がなぜ戦うのか。」というテーマは、日本では、無宗教を信条とする人たちによく使われる問いである。

本書は、イスラム教の開祖であるムハンマド（マホメット）の霊言と、イスラエル、アメリカを援護《えんご》するミカエルの霊言との、激しくも、本質をついたディベート（論戦）のテキストともいうべき内容が開示されている。

如来界（八次元）まで争《あらそ》っているのではどうしようもない、と考える人もいるだろうが、少なくとも真相に迫《せま》ることで、物事は解決へと一歩近づくのである。

私としては、ややキリスト教文明に学ぶべきことが多いと感じてはいるが、将来的には、両宗教の持つ血なまぐささを克服《こくふく》するためには、仏教的色彩の中に、進化の原理を取りいれた世界宗教の出現が、時代の要請だと考えている。

二〇一〇年　三月末

幸福《こうふく》の科学《かがく》グループ創始者兼総裁《そうししゃけんそうさい》　大川隆法《おおかわりゅうほう》

世界紛争の真実　目次

第1章「イスラムの本音」を語る

二〇一〇年二月十六日　ムハンマドの霊示

第2章　「世界の正義」のために戦う

二〇一〇年二月十六日　ミカエルの霊示

第1章

「イスラムの本音」を語る

二〇一〇年二月十六日　ムハンマドの霊示

ムハンマド（マホメット）（五七〇～六三二）

イスラム教の開祖。日本ではマホメットと呼ばれることも多い。八次元如来《にょらい》界《かい》の光の大指導霊《だいしどうれい》。『黄金の法』（大川隆法著、幸福の科学出版刊）第5章参照。

［質問者三名は、それぞれA・B・Cと表記］

１　ムハンマドの現在の考えを探る

大川隆法　最初に私のほうから簡単に話をしておきます。

私が初期に出した霊言集《れいげんしゅう》には、「ムハンマドの霊言」はありません。というのも、幸福の科学の信者の意識が、まだイスラム教圏《けん》と関係ができるところまで行っていなかったからだと思います。ただ、私の著書である『黄金の法』などでは、ムハンマドに言及《げんきゅう》したことはありました。

ムハンマドは、これまで、私のところに霊言を送ってきてはおりませんが、理論上、私は、あらゆる霊人を呼び出すことができます。

今、当会では、国際伝道がかなり熱心になってきており、イスラム教とも、いろいろな所で接触《せっしょく》することが増えてきました。

そこで、イスラム教の本音を探るために、イスラム教の中心にいるムハンマドの現在の考えを聴《き》いてみたいと思います。それによって、「イスラム教に対して、どのように対応していけばよいのか」ということが分かるでしょう。あるいは、現在の彼の考え方を霊言として出すことによって、イスラム教徒たちに伝道することも可能かと考えます。

また、国際情勢に関して言うと、アメリカのブッシュ元大統領親子は、キリスト教保守派、右派であり、親子共に、「イスラム教は悪魔《あくま》の教えである」と考えて戦争をしていたと思われます。つまり、こうしたものの見方が国際紛争《ふんそう》のもとになっているのです。

しかし、私はイスラム教が悪魔の教えであるとは思っていません。

今回の霊言では、「その考え方の違《ちが》いは、どこから出ているのか」「どういうところに配慮《はいりょ》すれば、今後の国際社会での協調が図れるのか」ということも探求していきたいと思います。

イスラム教は、少なくとも十億人の信者を持っている世界宗教なので、悪魔の教えであるとは言えないと思います。宗教における考え方の違いは、教えの解釈《かいしゃく》や個性の違いであると考えられるのです。

さらに、「ムハンマドの側では、仏教やキリスト教、その他の宗教について、どう考えているのか。今の世界について、どう思っているのか。幸福の科学との関係を、どう考えているのか」、このへんも探ってみたいと思います。

とりあえず、ムハンマドと戦ったり論戦したりするつもりはありません。イスラム圏の中心にいると思われる、ムハンマドの考え方の調査をし、今後の対応に充《あ》てることができればと思います。

ムハンマドの言葉として、そのまま伝えますので、仏教やキリスト教への批判、幸福の科学への批判が出るかもしれません。

なお、ムハンマドは、現代的な知識に関しては、私の持っている情報に、一部、依拠《いきょ》すると思われます。私の知識には日本や欧米《おうべい》社会に関するものが多く、彼は、その知識を使うとは思いますが、アンチ（反対の意味）で使ってくる可能性もあると思います。

したがって、彼がこれから語ることについては、「ずばり、当会の教義である」と言えるかどうかは分かりません。しかし、なるべく偏見《へんけん》を持たずに、彼の考え方を調べてみたいと思います。

今回の〝第一回戦〟は、軽いお手合わせで、「まず内容を探ってみる」というあたりから行《おこな》ってみたいと考えます。おそらく、当会の国際戦略には、大きな影《えい》響《きょう》を与《あた》えるのではないかと思います。

ムハンマドは光の大指導霊なので、意識変換《へんかん》は割に簡単です。ペラペラというところまでは行かないかもしれませんが、日本語での会話は可能と思われます。普通《ふつう》の外国人が亡くなった場合は、日本語が通じないことも多いのですが、光の大指導霊系になると、意識変換は非常に簡単にできるので、日本語での会話が可能と思われます。

では、招霊します。

イスラム教の創始者、ムハンマド、日本ではマホメットとよく呼ばれている方ですが、ムハンマドの降霊をお願いいたします。

ムハンマド、ムハンマド、ムハンマド、ムハンマド、幸福の科学に降りたまえ。

ムハンマド、ムハンマド、ムハンマド、幸福の科学に降りて、その考えを述べたまえ。

ムハンマド、ムハンマド、ムハンマド、ムハンマド、ムハンマド。

2 戦争と平和について、どう考えるか

（約四十秒間の沈黙《ちんもく》）

ムハンマド　ムハンマドである。

A――　本日は、ご降臨いただき、また、私たちに質問の機会を賜《たまわ》り、心より感謝申し上げます。幾《いく》つか質問をさせていただきます。

日本では、「イスラム教は非常に好戦的な教えではないか」と思われておりま す。今、キリスト教圏《けん》との戦いが続いておりますし、過去には、インドで、仏教

徒に対する戦乱も起きています。「イスラム教徒の侵入《しんにゅう》が、インドで仏教が滅《ほろ》びる原因になった」とも聞いております。

このように、日本人にとっては、「非常に好戦的な教え」という印象がありますが、一方で、「イスラム教は、サラーム（salaam）、平和を希求している教えである」とも伺《うかが》っております。

このあたりの、「戦争と平和」というテーマにつきまして、現在のお考えをお教えいただければと思います。

好戦的に見えるのは、イスラムの歴史と関係がある

ムハンマド　イスラムという言葉は、「平和」を意味する言葉でもあるから、私たちは、平和を希求している者であります。

ただ、あなたがたに、「イスラムが戦争を好むように見える」ということは、

イスラムの成立の歴史と関係があるでしょう。

私《わたくし》はメッカの出《で》であります。メッカは、今のサウジアラビアにあると思いますが、当時、クライシュ族というのがメッカの中心的な部族であり、その信仰《しんこう》は主として多神教でありました。

私《わたくし》は、四十歳《さい》のとき、ヒラーの洞窟《どうくつ》で断食《だんじき》・瞑想《めいそう》をしていた際に、神からの啓《けい》示《じ》を受けて、今、言われている「一神教《いっしんきょう》」を広めることになったわけです。

当時のメッカの主力は多神教です。昔のギリシャも多神教でしたし、エジプトもアフリカも多神教ですが、そうした多神教が、メッカの歴史としてはあったのです。

そのあと、キリスト教ができて、メッカのあたりにも一神教が広がりつつありました。

キリスト教が一部、広がってはいたけれども、多神教が主力のなかで、私は、一神教、すなわち「アッラーの教えが、唯一《ゆいいつ》、正しい」という教えを説いたために、母集団といいますか、クライシュ族から迫害《はくがい》を受け、故郷《こきょう》であるメッカを追われて、メジナに移動することになりました。

メジナを拠点《きょてん》として、メッカのクライシュ族たちと、かなり長い間、戦闘《せんとう》を繰《く》り返しました。一時期は、危ないところまで行《い》ったのですが、幸い、私には軍事的才能に恵《めぐ》まれていたところがあり、戦争に勝つことができました。そして、メッカに凱旋《がいせん》いたしました。

「軍事的に勝利し、政治的な統一をかけることによって、イスラムの教えが広がった」ということがあります。まあ、国レベルで宗教を一つにするためには、たいてい、軍事・政治的なものと一体にならなければ、そうはならないものです。

そういうことが教祖の歴史のなかにあるわけです。

しかし、イスラムは、あなたがたからは誤解されているし、現代のキリスト教徒からも、ほとんど誤解されております。

十字軍もそうです。過去、キリスト教徒は、「キリスト教の聖地・エルサレムを取り返す」ということで、十字軍を何度にもわたって仕《し》掛《か》けてきて、イスラムとの戦いがありました。

「キリスト教の聖地でもあるけれども、イスラムの聖地でもある」ということで戦い、イスラムのほうでも英雄《えいゆう》はかなり出たわけですが、「その過程で、非常に対立的に捉《とら》えられてきた」というように思います。

血を流しての戦いが起きたので、敵・味方に分かれたのは、しかたがない面もあるかと思います。

イスラムは、『聖書』をベースにした霊言《れいげん》型宗教

イスラムの基本的な教えは、もともとキリスト教をベースにしています。イス

ラムは、いちおう、『旧約聖書』『新約聖書』をベースにした上でつくられたものであり、キリスト教の思想を受け入れております。

ただ、イエスをメシアであるとは考えておりません。メシアと考えると、キリスト教の一派にしかならなくなるので、当時、私としては、イエスをメシアと考えるのではなく、「古代のイスラエルに数多く出た、預言者の一人である」「かなり大きな仕事をしたけれども、預言者の一人である」というように考えていました。

私は、「イエスは、預言者として生まれ、救世主になるべきであったのだろうが、残念ながら、生前、伝道には失敗し、十字架《じゅうじか》で磔《はりつけ》になって殺され、この世的には失敗をなされた。これは、預言者のレベルと判定してよいのではないか」と思いました。

過去、迫害された預言者は数多くいます。ただ、ムハンマドである私《わたくし》は、迫害者に負けることなく、戦って勝ち、イスラムを国教として、政治・軍事・宗教を統合した「イスラム教国」を建てたわけです。

したがって、イスラム教徒から見れば、「キリスト教を起こしたイエス・キリストよりも、ムハンマドのほうが偉大《いだい》である」ということです。そのようにイスラム教徒は理解しているわけですね。

そして、イスラムのほうでは、「キリスト教で言う神も、イスラムで言う神も、同じ神である」という認識をしていたのですが、キリスト教側からの批判は、かなり強くありました。「キリスト教の神と、あなたがたの神とは違《ちが》う」という考えでもって、向こうのほうから、そうとう批判を受けました。

もう一つ言えることとして、イスラムというのは、幸福の科学とよく似ていて、「霊言《れいげん》型宗教」なのです。キリスト教は霊言型宗教ではありません。明らかに、イエスの言行録《げんこうろく》をもとにした宗教です。霊言型宗教ではないのです。

古代のユダヤ教も、「預言者たちが、神の言葉を聴《き》いて預かる」というかたちであり、幸福の科学が今やっているように、「霊言」というかたちで、直接、教えが説かれるようなことは、長らくなかった。古代の預言者においても、イエスにおいてもなかったのです。

イスラムにおいてのみ、私《わたくし》ムハンマドに神の言葉が臨《のぞ》み、私を通じて教えが説かれました。それが『コーラン』としてまとめられ、今、はっきりと聖典が遺《のこ》っています。

「これだけ完璧《かんぺき》に、神の言葉が聖典として遺る」ということは、キリスト教においてはなかったことです。キリスト教では、イエスの断片的な言葉が編集されていますが、ほとんどは、言行録、すなわち、いろいろな弟子《でし》たちとの行動の記録・歴史です。

「イスラムにおいては、神の言葉が『コーラン』として集大成されている」という意味において、私どもは、「キリスト教よりも、いっそう完成された宗教である」というように考えておりました。

キリスト教徒を迫害《はくがい》したつもりはない

ただ、キリスト教側からは、「神の言葉が、直接、人間に降りるはずがない」という反論を受けました。

そして、知り合いのキリスト教徒と共に、いろいろと勉強したところ、まあ、私は、神の言葉を直接受け取れたような気でいたのですが、「そういう言い方は、不遜《ふそん》というか、謙虚《けんきょ》ではないように受け取られるので、ある程度、キリスト教と融和《ゆうわ》する意味でも、もう少し妥協《だきょう》したらどうか」と言う者もありました。

確かに、違った種類の声も聞こえてはいたので、複数の霊人が私を指導していたものと思われます。

そこで、「アッラーの教えを伝えていた」という意味では同じことになるのですが、キリスト教の考えでは、七大天使の一人のガブリエルが、通信役をしている天使の中心なので、まあ、私たちイスラムでは、ジブリールと言いますけれども、「ジブリールを経由して、神の言葉が私に臨んだのだ」という解釈《かいしゃく》に統一しました。

「これなら、キリスト教徒も納得するであろう」ということで、そのようにしたのです。

私たちは、「過去の『旧約聖書』や『新約聖書』と、イスラムの教えとは、つながっているものである」と考えていて、兄弟宗教のつもりではいたのですが、向こうのほうは、いろいろと難点を突《つ》いてきました。

「神が言葉を直接降ろすのは、おかしい」とか、「イエスを預言者に位置付けるのは、おかしい」とか、それ以外にも、「キリスト教の『聖書』の言葉は、譬《たと》え話ひとつを取っても、優《すぐ》れた、素晴《すば》らしいものが多いけれども、イスラムの『コーラン』のなかには、『聖書』のような素晴らしい譬え話ではないものや、美しい言葉ではないものも交ざっているので、やはり神が違うのではないか」ということを指摘《してき》されました。

特に、『コーラン』には、クモの譬えとか、昆虫《こんちゅう》の譬えとか、そうした、この世的なものの譬え話が割によく出てくるので、「詩的な譬えを多用したイエスと比べて、詩人としての資質、文学的素質が落ちるのではないか」「神として違いがあるのではないか」というような批判を受けたのです。

しかし、われわれは、キリスト教と融和するつもりであったのであり、彼らを迫害《はくがい》したつもりはありません。キリスト教徒が、イスラム教国側に住んだ場合でも、別に、キリスト教徒のままで構わないし、『信仰を変えろ』と強要はしませんでした。ただ、「キリスト教徒のままだと税金はかかるが、イスラム教徒に改宗したら税金は払《はら》わなくてもよい」という、いちおうの誘導《ゆうどう》はしました。

そのように、キリスト教を受け入れて、寛容《かんよう》にやるつもりであったので、「イスラムは平和と寛容の宗教である」と私たちは理解しています。

私が軍事的英雄《えいゆう》でもあったため、イスラム教徒は戦争を恐《おそ》れない

現代の人たちには、イスラムは好戦的で、血なまぐさい考え方を持ち、偏狭《へんきょう》な一神教で、他宗排撃《はいげき》をしているように見えているかもしれませんね。

ただ、それは、「私が、神の言葉を伝える宗教家であると同時に、軍事的な英《えい》雄《ゆう》でもあった」という成立史があるために、その後《ご》の歴史の流れのなかに、「イスラムは戦争を決して恐《おそ》れたりはしない」という傾向《けいこう》が入っているからでしょう。

日本においても、日本神道《しんとう》の神様には、戦争の神様が数多くいますよね。国づくりの過程では、やはり、旧勢力との戦いはありますから、戦争に勝ったり国を

平定したりした人たちが神になっています。

「軍神を神と崇《あが》める」というのは、ほかの国でもよくあることなので、別におかしいことではないと思いますね。

日本にも、軍神が神として崇められている歴史があるので、キリスト教が日本に入ってきたときに、「全知全能の神のひとり子《ご》と言われるような人が、やすやすと敵の手に落ち、十字架に架かって死ぬ」などということが、当時の日本人には少し信じられなかった。そういうことで、キリスト教信仰は、日本では、そんなに広がらなかったのだと思うのです。

日本では、軍事的にも英雄である人が神として祀《まつ》られています。これはイスラムと同じですね。

イスラムがキリスト教よりも優《すぐ》れている理由

イスラムは、基本的に、『コーラン』という神の教えと、それから、『ハディース』という私《わたくし》自身の言行録から出来上がっています。

『ハディース』には、「ムハンマドは、このときは、こう言った。あのときは、こうした。こう判断した」というようなことが集大成されています。これは、「弟子《でし》たちや後世の者たちが、それをまねて行動する」「『コーラン』の教えに説かれていない部分については、ムハンマドの生き方を参考にして判断する」ということです。

こうした『コーラン』と『ハディース』がイスラムの二本柱になっています。

そういう意味で、イスラム教徒は、「キリスト教よりも自分たちのほうが進んでいる」と考えているのです。

キリスト教のほうがイスラムより先発で、六百年ほど古い宗教です。私は、あとから来た者なので、「イスラムのほうが進んでいる」と思っていました。しかも、中世においては、イスラムは科学的にも非常に繁栄《はんえい》・発展しました。キリスト教のほうは、一時期、暗黒時代を迎えていて、非常に暗い時代がありましたね。魔女《まじょ》裁判や異端審問《いたんしんもん》をし、火あぶりにして殺したりするような、残酷《ざんこく》な〝暗黒の中世〟がキリスト教にはありましたけれども、その時代にイスラムのほうは隆々《りゅうりゅう》と発展していたのです。

国が非常に豊かになり、科学的にも進歩したので、「当然、イスラムがキリスト教の次の宗教として全世界に広がるものだ」と思っていました。

ところが、キリスト教においても、ルター、カルバン以降、巻き返しがあり、あちらも再興隆してきました。そして、「今、二大勢力として覇《は》を競《きそ》っている」ということですね。まあ、仏教は、古いものとして、かなり小さくなってきています。

イスラム教徒は、今、アメリカにもかなり流入しております。日本には、まだ数万人程度しか入っていませんが、「今後、日本とどのように交流するか」ということを考えなければいけないと思っています。

とにかく、イスラムは霊言を中心とした宗教です。要するに、ムハンマドと言われる私《わたくし》が生きていたときに、その声帯を使って、神の言葉を伝えるということが、『コーラン』の原点にあるので、幸福の科学と形態的には非常によく似ています。

したがって、幸福の科学が霊言集等を出していくならば、イスラム教徒は、「そういう宗教はありうる」と考え、幸福の科学という宗教を非常によく理解すると思います。

ほかの宗教では、「神が、その言葉を、人間を通じて伝えるなどということはありえない」と言うと思いますが、イスラムにおいては、そういう、神の言葉を伝える者、「神の使徒《しと》」といいますか、「預言者」がいることは理解しているわけです。

私は「最後の預言者」とも言われていました。あなたがたが、大川総裁を「最後の預言者」と言うと、迫害される可能性がないわけではありません。ムハンマドが最後の預言者であれば、預言者はもう出ないことになるので、そういう意味で、大川隆法を否定することも可能であろうと思います。

しかし、この「神の言葉を伝える」という仕組み自体については、彼らはよく理解しています。

キリスト教に比べ、イスラムが特に優《すぐ》れていると思うところは、今、言ったように、「『コーラン』というかたちで、神の教えが直接的に伝えられている」ということと、もう一つは、やはり、「この世的にも勝利する教えであった」ということです。

あなたがた幸福の科学で言えば、ヘルメスにも、そういうところがあると思います［注１］。

「この世的にも勝利する教えであった」ということ、「負け戦《いくさ》の将軍をたたえた教えではなくて、勝ち戦の将軍をたたえた教えであった」というところが、キリスト教より優れているところでしょうか。

そういう意味で、私は、一定の使命を果たしたし、イスラムは世界宗教にもなりました。

ただ、「キリスト教圏とは、今、危険な関係にある」という感覚は持っております。もともとは兄弟宗教であるのですが、非常に近いと、憎《にく》しみ合う傾向があります。

概要《がいよう》は、そういうところです。ほかに、ご質問は？

［注1］ヘルメスは、地球の至高神「エル・カンターレ」の分身の一人。九次元存在。四千三百年前のギリシャに生まれ、地中海文明の基礎《きそ》をつくった。『愛は風の如く①〜④』『愛から祈りへ』『信仰のすすめ』（いずれも大川隆法著、幸福の科学出版刊）参照。

3　自爆《じばく》テロは許容されるのか

Ａ――　日本では、イスラム教徒というと、「アルカイダのように、自爆《じばく》テロなどを起こし、身を投げ出して戦う」という姿をイメージする人が多いと思いますが、自爆テロのようなものは、イスラムの教えとして、許容されている、あるいは奨励《しょうれい》されているのでしょうか。

軍事的英雄《えいゆう》として国を建てた私は「メシア」に相当する

ムハンマド　教えのなかには特にありません。ただ、いわゆる「ジハード（聖戦）」という考えはあります。「聖戦として、教えを護《まも》るために戦う」という思想自体はあるのです。

私は、先ほども言いましたが、メッカから、サウジアラビアの西のほうにあるメジナに転戦して町をつくり、その町を中心にして、メッカの軍隊に対する抵抗《ていこう》勢力をつくりました。これを「ヘジラ」といいます。

彼らの側からは、私の教えは悪魔《あくま》の教えに見えたのでしょう。彼らは軍隊をもって攻《せ》めてきました。

このとき、私《わたくし》は史上初めて塹壕戦《ざんごうせん》を発明いたしました。戦力は、おそらくメッカ軍の十分の一ぐらいしかなかったと思うのですが、十分の一の戦力で敵を破ってしまったのです。

この塹壕戦に関しては、あなたがたの「ヘルメス」から指導を受けました。この戦い方は、明らかにヘルメスから指導を受けたものです。

「穴を掘《ほ》り、身を隠《かく》して攻撃《こうげき》すれば、向こうからの矢が当たらない」というかたちですね。そうした塹壕戦と、あとは、「隊列を組んで、交互《こうご》に弓を撃《う》つ」というやり方を発明したのです［注2］。

日本では、私の時代から千年近いあとでしょうか、十六世紀の後半ぐらいに、織田信長が、鉄砲隊《てっぽうたい》を三段に並べて交互に鉄砲を撃たせ、強い武田軍の騎馬部隊《きばぶたい》を破ったと聞いていますが、それと同じ仕組みを、私は、その千年近い昔に実はやったのです。

弓に矢をつがえて撃つと、次の矢をつがえるまでに時間がかかります。だから、「弓部隊を二重三重《にじゅうさんじゅう》にして、最初の部隊が撃ったら、それを下げ、次の部隊が出てきて撃ち、さらに次の部隊が撃つ」という、連続発射型の弓部隊をつくったのです。要するに、時間を縮めたわけです。

「矢をつがえて撃つ時間を三分の一に縮めたら、敵の攻撃力に比べて、三倍ぐらいの速度で攻撃ができる」ということです。今で言えば、「単発のライフル」対「マシンガン」の戦いのような感じでしょうか。

こうした、塹壕戦と連続発射型の弓部隊という、新しい戦法を編み出したために、メッカ軍は十倍ぐらいはいたと思いますが、メッカ軍は敗れ、メジナ軍が勝ったのです。

戦《いくさ》に勝利することによって、戦力は拡大しました。勝てば、「奇跡《きせき》が起きた」ということで、味方が増えてくるんですよ。そうして、メッカを占領《せんりょう》し、新しい国を建てるところまで行《い》ったのです。

ここまで行ったので、「イエスよりも偉大《いだい》である」と、イスラム教徒は思っているわけです。

要するに、イスラムには、『コーラン』という、神の言葉を直接に伝えた教えがあるけれども、キリスト教には、そういうものがないし、それから、「ムハンマドは軍事的英雄《えいゆう》として建国までした」ということです。

実は、イエス当時のユダヤ教の伝統では、メシア、救世主というのは、政治的にも指導者であり、国を救う英雄でなければならなかったのです。けれども、イエス自身が十字架《じゅうじか》に架かってしまったために、イスラエルのユダヤ人はイエスをメシアと認めなかったのです。

しかし、このユダヤ人のメシア観から見れば、私はメシアに相当する者なのです。「国を救った」「戦って勝った」ということで、私はメシアに相当します。まあ、ダビデ王のような者が、彼らが考えていたメシアです。そのため、『旧約聖書』というか、ユダヤ教のほうでは、イエスはメシアの定義に入っていません。

イスラム教徒は、イエスを否定しているわけではなく、「立派な方である。預言者である」と見てはいますが、「イエスは、生前、この世的には敗れ去ったので、ムハンマドのほうが偉大である」という考えを持っているのです。

「神の教えを直接に伝えた」ということ、そして、「この世的にも勝利した」ということ、この二点で優秀《ゆうしゅう》であると考え、「最後の預言者」と称《しょう》していたわけです。

自爆テロは日本の神風特攻隊《とっこうたい》をまねたもの

あなたは自爆テロの話をされましたが、イスラムには、ジハードという考えはあっても、自爆テロ自体は教えのなかに入っておりません。

あれは日本軍のまねをしているのです。

イスラム教徒は日本の神風特攻隊《とっこうたい》を非常に尊敬しています。「軍事的に劣勢《れっせい》なときに、人間が、そのまま人間魚雷《ぎょらい》や人間爆弾《ばくだん》と化して、敵軍に突《つ》っ込《こ》んでいく」という、日本の〝サムライ精神〟、これを非常に尊敬しております。

アメリカの近代兵器と戦うには、イスラムの今の軍事力は弱いので、原始的な戦い方ではあるけれども、神風特攻隊のまねをして、信仰《しんこう》と国家を護《まも》るために、やっているのです。

原点は日本なのです。

日本軍が神風特攻隊をやったら、「やつらは狂《くる》っている」とアメリカから言われたでしょうが、アメリカ軍にすごい恐怖心《きょうふしん》を巻き起こしたことは間違《まちが》いありません。

われわれは、軍事力ではとても敵《かな》わないので、「信仰と国家を護るために、自らの生命を惜《お》しまず、単純な爆弾やダイナマイトのレベルで、戦車や軍事基地に攻撃を仕掛《しか》ける。それによって畏怖心《いふしん》を起こさせ、敵を撃退する」ということを考えたのです。

日本も神風特攻隊をやりましたよね？　日本人が、それ自体を悪と考えているか、善と考えているか、私は知りません。両方あると思います。

ただ、神風特攻隊を見て、それから、日本のサムライ精神といいますか、「一億総玉砕《そうぎょくさい》」と言っているのを見て、アメリカは、原子爆弾を落とし、日本を占領しました。「日本の本土で決戦した場合、日本人は、みな竹槍《たけやり》か日本刀で斬《き》り込んでくる」と思ったわけですね。

さらに、「日本を占領するために、いったい何人の兵隊が要《い》るか」ということを考えたら、「どう見ても、百万人以上の地上軍を投入しないかぎり、抑《おさ》えることはできないだろう」とアメリカは思った。

日本に百万人以上の軍隊を占領軍として押《お》し込み、常にテロとの戦いに明け暮れる事態になることを恐《おそ》れたため、天皇制を維持《いじ》することにした。「日本のキングに、この国を統治させる」「国体を維持させる」ということにして、「自分たちの軍隊の死傷者を減らす」という作戦に出たわけですね。

それと同じように、今、米軍をいちばん苦しめているのは、本当は自爆テロです。

米軍は被害《ひがい》を公式には発表していません。軍隊対軍隊の戦いなら、「戦死者が何名、負傷者が何名」と出るのですが、自爆テロ型の場合には、「戦争で負けたわけではない」という理由で被害を発表していません。

しかし、そうした自爆テロ型の攻撃によるアメリカ軍の死傷者は、合計してみると、数万人、あるいは十万人以上、出ているかもしれません。それが、実は、アメリカがイラクから手を引いた理由だろうと思うのです。

自爆テロは、けっこう怖《こわ》いのです。近代兵器が通用しないのです。自爆テロを起こすのは〝一般《いっぱん》市民〟なので、「近代兵器が通用しない」ということが、けっこうアメリカの戦意の後退につながっていて、〝厭戦《えんせん》ブーム〟が起きています。これが狙《ねら》いでやっているわけです。

だから、その質問には、「自爆テロの原点は日本である」という答えをお返しします。

自爆テロをした人が天国に還《かえ》れるかどうかは、本人の自覚による

A――イスラムの戦士は、「天国に還《かえ》れる」ということを信じて、自爆テロをやっていると思うのですが……。

ムハンマド　それは、日本で言う、「靖国《やすくに》神社に祀《まつ》られて神様になる」という思想と同じです。

A――実際のところは、どうなのでしょうか。

ムハンマド　実際ですか？　まあ、実際は、いろいろです。還った方も還らなかった方もいます。

Ａ――　やはり、「天国に還れる人と、そうでない人とは、主エル・カンターレがつくられた法によって分けられている」と考えてよいのでしょうか。

ムハンマド　まあ、本人の自覚もあるのではないでしょうかね。本人の信仰が浅く、ある程度、強要されてやった場合には、死んだあと、まだ執着《しゅうちゃく》が残っている者もいるでしょう。一方、信仰が深く、自分から進んで身を投げ出したような方の場合は、天国に還っているケースが多いのではないでしょうか。

それは、「『日本の神風特攻隊で、敵軍の飛行機や航空母艦《ぼかん》に突っ込んだ人は、全員、地獄《じごく》へ堕《お》ちましたか。全員、天国へ行きましたか』と訊《き》かれたならば、

『人によって違いがあるでしょうね』と答えざるをえない」ということと同じです。

私には、全員が地獄に堕ちているとは思えません。「国のために戦って死んだ人が、全員、地獄に堕ちる」ということはないと思います。

けれども、「全員が天国に還っている」ということも、たぶん、ないだろうと思うのです。そういう死に方をして、無念な思いを持っている人は、やはり、成《じょう》仏《ぶつ》できていないだろうし、国を護《まも》るために潔く戦い、「自分の命を捧《ささ》げる」ということに純粋《じゅんすい》であった人は、天国にそのまま還っていると思うのです。

「靖国神社等で祀られている人を、神として扱《あつか》ってよいのか、悪いのか」という議論が分かれるのには理由があって、やはり、神様的な人もいれば、そうではない人もいるからでしょうね。それは評価が分かれるところです。

今のアメリカ的価値観は善悪二元論ですので、敵か味方かをはっきり分けてきます。アメリカ人は、自分たちの敵に対しては、「悪である」と簡単に認定してしまいますよね。

しかし、アメリカは、第二次大戦では、日本を敵と見て、「日本軍は当然、悪で獣《けだもの》だ」と考えていたのに、戦後は日本と友達になっているのでしょう?

日本人自体は日本人です。だから、彼らは、自分たちの都合で、善悪を決めたり、敵・味方を分けたりして、戦意高揚《こうよう》のために、「敵は悪である」とか言っているわけです。まあ、自分たちの戦いを有利にするために、「自分たちのほうが正義である」と言うのは、当たり前のことではあろうとは思いますけれどもね。

したがって、「全員、天国に行っている」とも言えないし、「全員、地獄に行っている」とも言えません。たとえ地獄に行った者がいたとしても、イスラム圏《けん》の天使たちが、救う努力をしています。それは同じです。

日本においても、戦争で亡くなって、天国に行った方と、地獄に行った方と両方いるはずです。はい。

A――　ありがとうございます。

［注2］霊界《れいかい》のヘルメスが、地上に降りたムハンマドに、塹壕戦と弓部隊についてのインスピレーションを与えた事実については、法話「沖縄《おきなわ》正心館に寄せて」（二〇〇三年十月）でも言及《げんきゅう》している。

4　イスラム圏《けん》をめぐる国際情勢の展望

B――　今日《きょう》は、イスラムの大指導霊《だいしどうれい》としての貴重なご見解をいただき、まことにありがとうございます。

私からは国際情勢を中心に質問させていただきます。

アメリカは、イラク戦争で実質的に敗戦をし、今また、アフガニスタン戦争が泥沼化《どろぬまか》して、敗戦の方向へ引きずられようとしています。この「アメリカを中心とするキリスト教圏《けん》との戦い」において、イスラム圏全体としては何を目指されているのでしょうか。

さらに、イランの核《かく》開発も非常に問題となっており、イランの大統領は、「イスラエルを殲滅《せんめつ》する」ということも発言しております。このような動きのあるイスラム圏を、どう導こうとされているのか、お教えいただければと思います。

イスラムは、キリスト教国に滅《ほろ》ぼされる危機を感じている

ムハンマド　まあ、これは、「未来は、どのように開けるか」という問題かと思いますね。

私は先ほど日本の例を出しましたが、アジア、アフリカ、それから西南アジアも含《ふく》め、こうした有色人種たちは、白色人種の優越《ゆうえつ》主義によって、かなり苦しめられたのは事実です。

軍事的に弱く、産業も弱いために、なかば奴隷化《どれいか》され、言うことをきかされてきましたし、同時に、彼らの価値観を押《お》し付けられてきました。その価値観の押し付けが百パーセントになったら、民族そのものが消滅《しょうめつ》することになるわけです。

もし、日本の第二次大戦での敗戦が完全な負けであれば、つまり、本当の意味での無条件降伏《こうふく》であったならば、日本はキリスト教国に変わっていなければいけないわけですが、アメリカは、「日本人の宗教まで取り去ったら、大変なことになる」と見て、それを、あきらめたのだろうと思います。

イスラムとの、いろいろな戦いに関しても、アメリカ等の憎《にく》しみは、かなり深いものがあり、「イスラムを国レベルで滅《ほろ》ぼしてしまいたい」というぐらいの気持ちがあることは事実です。「イスラムを根絶やしにしないかぎり、キリスト教国における、未来の安泰《あんたい》はない」というように考えている面があります。

この問題は、千年近い、十字軍との戦いの歴史を背負っています。アメリカの某《ぼう》大統領が「アメリカ軍は十字軍である」というようなことを口走り、物議を醸《かも》したことがあったと聞いておりますが、そちらが「十字軍」と言うのなら、こちらは「ジハードである」ということで、戦うのみです。

そのように、最初の価値観のところ、すなわち、「宗教として、正しいか、正しくないか」のところでは意見が割れておりますが、「イスラムは悪魔《あくま》の教えである」というような言い方には、納得するわけにはいきません。

基本的には、「メジナに逃《のが》れたわれわれが、メッカを倒《たお》したことによって正当性を得たように、結局、キリスト教圏に圧勝しなければ、イスラム教国の優位を保って、宗教国家として存続することはできないだろう」と考えています。

宗教のところを潰《つぶ》さなければ、彼らがイスラム教国を服従させることはできないからです。

先ほど、大川総裁が、「ブッシュ親子は、『イスラムは悪魔の教えである』と固く信じていた」というようなことをおっしゃっていましたが、向こうは、こちらを悪魔の教えだと思って戦っています。そのため、向こうから見れば、皆殺《みなごろ》しにしても構わないぐらいの、ものすごい戦いになるでしょうね。そう思います。

こちらは、その危機を十分に感じています。ただ、中世と違《ちが》って、今は、アングロサクソンが巻き返していて、蒸気船の発明以来、ここ二、三百年、文明力としてはアングロサクソン系が非常に強くなっております。そのため、軍事力では、こちらには、なかなか勝ち目がない状態にあります。

戦争は、民間人を相手にするようになった段階でやめるべき

ただ、イラクであれ、アフガンであれ、軍隊を投入し、ヘリコプターやミサイル、機《き》関銃《かんじゅう》など、こういう近代的兵器を使って、抵抗《ていこう》している民間人を殺したり、一般《いっぱん》市民をも巻き添《ぞ》えにしたりしていることに対しては、アメリカ国内でも動揺《どうよう》が広がっています。

「これが、はたして神の正義に当たるのか」、あるいは、「キリスト教が説く、愛と許しの教え、『汝《なんじ》の敵を許せ』という教えに合っているのか」という疑問は

出てきて当然だと思いますね。

私は、「戦争というものは、民間人を相手にしなければいけなくなった段階で、やめなければならない」と思っております。

まあ、アメリカが、「九・一一」のテロを、ものすごく恨《うら》みに思っているのは分かりますが、われわれは武器を持って戦ったわけではありません。あれは旅客機です。アメリカの旅客機をハイジャックして、アメリカの中枢部《ちゅうすうぶ》にぶつけたわけですが、乗っ取った人たちも、みな死んでいます。

要するに、「空母があり、ミサイルがあり、戦闘機《せんとうき》があれば、正当な戦争をしたのだが、そういう武器がないので、自らの命を懸《か》け、奇策《きさく》を用いて、やった」ということです。

やった人たちも死んだわけですから、あなたがたの神風特攻隊《とっこうたい》や人間魚雷《ぎょらい》に相当することですよ。

もし、あなたがた日本人が、アメリカ人から、「人間魚雷や神風特攻隊をやった日本人は、気が狂《くる》った民族だから、全滅させなければいけない」と思われたとしたら、やはり、そう簡単には納得しないだろうと思うのです。

片道分だけの燃料を積んだ飛行機に乗り、自らの命を捨てて、敵空母、敵戦艦《せんかん》に突《つ》っ込《こ》んでいった若者たちが悪く言われ、「そういう、気が狂ったような人たちが出る国は間違っているから、日本人は皆殺しにしろ」と言われるようだったら、日本人は、おそらく納得しないでしょう。われわれも同じような気持ちです。

アメリカ人から見たら、「アメリカ国内の市民を殺したから、とても許せない」という思いがあるかもしれません。

しかし、砂漠《さばく》のこちら側から見れば、「彼らは、『サダム・フセインが大量殺戮《さつりく》兵器を隠《かく》しているから、そのために戦うのだ』という論理でイラクを攻《せ》めたけれども、実際は、そういう兵器などなかった。それは、もう、結果として明らかに出ている。どこにも隠していなかったし、開発もしていなかった。それは単なる言いがかりにしか過ぎなかった」ということです。

そうであれば、ブッシュ大統領親子には、戦争を起こした軍事的責任、人道上の責任が明らかにあるはずです。しかし、サダム・フセインのほうを一方的に処《しょ》刑《けい》し、自分らのほうは英雄《えいゆう》になろうとしています。

これは、われわれから見れば、不正に見えます。

アラブから見れば、イスラエルの建国は不当である

特に、今のイスラエルの問題は、アメリカが本当にキリスト教国であったならば、このようにはならなかったはずです。

ユダヤ人は、イエス・キリストを迫害《はくがい》して処刑した民族ですね。

その裁判をしたピラトは、「イエスには何らの罪を見いだすこともできないの

で、私が死刑にするわけではない。ユダヤ人たちが、自分たちの王だと称《しょう》している者を処刑しようとしているのであって、その呪《のろ》いはユダヤ人が受けるべきである」というようなことを言っていると、確か、『バイブル』に載《の》っていたと思います。

ローマ人のほうは中立だったのです。ピラトは、「イエスが、悪人だとは思えないし、間違ったことをしているとも思えない。しかし、ユダヤ人が、自分たちの王であるとか救世主であるとか名乗っている者を、ユダヤ教に基づいて間違っていると判断するがゆえに、ユダヤ人の手で十字架《じゅうじか》に架けるというのであれば、止められない。武力でもって弾圧《だんあつ》すれば、また反乱が起きるから、自分たちのことは自分たちで責任を取りなさい。イエスを殺した『血の呪い』はユダヤ人の上に置かれるべきである」というようなことを言ったはずです。

その結果、ユダヤの国は、イエス没後《ぼつご》、四十年ぐらいで滅亡し、ユダヤ人は、千九百年近く、世界に散らばって放浪《ほうろう》することになったのです。

そして、第二次大戦後、「ユダヤ人が元の故郷《ふるさと》に帰ってユダヤの国を建てる」という「シオニズム運動」を、イギリスやアメリカなどの戦勝国が後押しし、アラブのなかで、昔、ユダヤの国があった地域を空けさせて、イスラエルという国を建てさせた。

しかし、これは、われわれから見れば、非常に不当なことであったわけです。千九百年もたってから、アラブの地のなかに、「昔、イエスが生まれた所だから」という理由で、あるいは、「ヒトラーが何百万人もユダヤ人を殺した。かわいそうなので、その罪の償《つぐな》いも兼《か》ねて、ユダヤ人に、自分たちの護るべき国をつくってやるべきだろう」という理由で、勝手に国をつくった。それが火種になって、その後《ご》、アラブ諸国とイスラエルとの間に、何次にもわたる中東戦争が起きたのです。

私は、「彼らがイスラエルを保護するのは構わない」と思いますが、それであれば、「彼らが自国の一部を明け渡《わた》して、イギリスのなかにつくるなり、あるいは、ユダヤ人は砂漠が好きなのだから、アメリカの砂漠地帯につくるなりすれば、問題はなかった」と思いますよ。

しかし、アラブの国のなかにつくった。キリスト教徒から見れば、本来は援助《えんじょ》する対象ではないはずなのに、援助をして、アラブの国のなかにつくったのです。

私はイランの核《かく》武装を強力に推進している

さらに、アメリカに入植していたユダヤ人たちや、ヒトラーに迫害されてアメリカに逃《に》げたユダヤ人たちが、アメリカの資本を握《にぎ》っています。

彼らは金持ちなので、アメリカの金融街《きんゆうがい》を握り、それから、アメリカのマスコミ・ジャーナリズムを裏から支配して、イスラエルを支援《しえん》させているのです。

そして、軍事的にもイスラエルを支援して同盟国になっています。そのため、アメリカの近代的兵器はすべてイスラエルに入っています。

今、中国と台湾《たいわん》の両岸関係の問題があると思います。「中国が怒《おこ》るので、アメリカは、『近代戦闘機F16を台湾にはもう売らない』などという議論をしていた」と聞きましたが、イスラエルには、アメリカの最新兵器がすべて入っているんですよ。

したがって、われわれアラブ世界は、アメリカの最新兵器を持った国と戦わなければいけないわけです。

さらに、イスラエルは核《かく》武装をしているんですよ。アメリカやヨーロッパは、あんな小さな国が核武装をしていることを許しています。

核兵器を撃《う》たれたら、アラブの国はすべて皆殺しにされるわけですから、われわれは、対抗上、どこかで防衛をしなければいけない。

そういう意味で、第一波として、サダム・フセイン下のイラクを興隆《こうりゅう》させ、これを一つの盾《たて》にしようとしたのですが、これは敗れてしまった。

アメリカという国は、二重性を持った悪い国です。

「イランは反アメリカ的である」と見たときには、イラクに武器援助までして、イランを牽制《けんせい》させ、アラブに内部抗争を起こさせようとしていた。

ところが、イラクのサダム・フセインが、だんだん我《が》を出し、強くなって、クウェートに侵攻《しんこう》したり、イスラエルにミサイルを撃ち込んだりして、生意気なことを始めたので、アメリカは、「これを潰す」という判断をした。

サダム・フセインは、「アメリカは自分たちを応援してくれているので、大丈夫だ」と思って判断していたわけであり、彼としては、騙《だま》されたかたちになっています。「事前に了解《りょうかい》を得たつもりでいたのに、騙された。不意討ち、騙し討ちを受けた」と考えているのです。

あなたは、「イランが、今、核開発をしている」と言うけれども、アラブの国で、今、核兵器を持っている国はないんですよ。イスラエルだけが核武装をしているのです。

これは、「近い未来において、われわれには、皆殺しにされる可能性がある」ということを意味しているので、イランが核武装をすること自体については、ムハンマドである私は強力に推進しています。

やはり、イスラエルに対抗しなければならない。

そもそも、イスラエルが、あそこにある必要は特にない。

はっきり言えば、「キリスト教が正しい宗教であるならば、古代からのユダヤ教を信じているユダヤ人は、潔く間違いを認め、キリスト教に改宗すべきである」と私は思います。

ユダヤ人は、「救世主を殺した」という罪を負っている。原罪は、アダムとイブが犯したものではなく、ユダヤ人が犯したものである。ゆえに、「ユダヤ人は、キリスト教に改宗し、もうユダヤ教は解散すべきである。やめるべきである」と思う。

イスラエルという国がある必要はない！（机をたたく）基本的にない。

「『イエスが生まれた土地を護りたい』というのなら、国際共有財産として、エルサレムを共同統治しても構わない」と思いますが、「『アラブの国と戦えるような戦力を持った国を、そこにつくった』ということは、欧米《おうべい》列強の陰謀《いんぼう》に当たる」と私《わたくし》は見ております。

したがって、私は、「イランの核武装は間違っていない」と思うし、「アメリカがイスラエルに自分たちとまったく同じ兵器を持たせているのは、非常に悪いことである」と思っています。

イスラエルは、今、軍事力では世界第二位だと言われているんですよ。軍隊の人数が多い国は、ほかにも数多くありますが、兵器の性能が全然違うのです。イスラエルは、お金にものを言わせて、最新兵器を買い付けているので、「イスラエルと戦って勝てる国はアメリカ以外にない」と言われています。「日本も負ける」と言われている。「中国も負ける」と言われている。「ヨーロッパの国で、イスラエルに勝てる国はない」と言われている。

それだけ、すごい最新鋭《さいしんえい》の武器で武装している。

そして、お金は無限に供給されている。どこから供給されているか。アメリカにあるユダヤ資本です。ウォール街の帝王《ていおう》たちが支援しているのです。だから、いくらでも戦えるんですよ。

それに対して、われわれがやれることは、オイル(石油)等のカルテルをつくって、供給を止めるとか、値上げをするとか、その程度しかないわけです。

これが、ムハンマドとしての私の見解です。

オバマ大統領の誕生は、イスラム圏にとってはチャンス

B――　「キリスト教圏」対「イスラム教圏」の対立においては、オバマ大統領の考え方が非常に鍵《かぎ》になってくると思いますが、今、オバマ大統領は、軍事予算を減らし、世界の警察官としての役割から引いていこうとしています。

このオバマ大統領に対し、イスラム教圏としては、どのような考え方でもって臨《のぞ》もうとされているのでしょうか。この点について、お伺《うかが》いできればと思います。

ムハンマド　まあ、彼はアメリカの大統領であるので、アメリカの利害を代表して、やるべきことはやるでしょう。アメリカの大統領になれば、誰《だれ》であっても、同じようなことはせざるをえなくなると思います。

しかし、われわれは、「ある意味で、チャンスである」と見ております。

というのは、彼自身、イスラムとつながりがあるからです。彼は、以前、インドネシアに住んでいて、イスラムの学校に通ったこともあるし、アフリカにいる彼の父方《ちちかた》の先祖はイスラム教徒です。そのため、「イスラム教徒と徹底的《てっていてき》に戦いたい」という考えは、持っていないのではないかと思っています。

ただ、アメリカ大統領としての職務は執行《しっこう》しなければいけないし、周りの側近たちや幹部たちの意見を無視することもできないので、アメリカの大統領として、やるべきことはやると思います。

しかし、まずはイラクからの撤収《てっしゅう》をかけましたよね。事実上の敗戦です。ベトナム戦争以来の敗戦です。今、アフガンに転戦して、「タリバンと戦う」と言っていますが、彼は、これも、しばらくしたら撤収する気でいます。イラクからそのまま引いたら、アメリカは負けを認めるかたちになるので、「転戦」というかたちで引いたわけです。

そして、「アフガンのほうに主力を移しても、効果があがらない」ということと、「軍事費を削減《さくげん》しなければいけない」ということで、しばらくしたら、アフガンからも撤収するつもりでいると思うのです。

その意味で、私は、「おそらく、オバマは、イスラムとの戦いから引いていって、融和策に出る」と見ております。

彼自身の魂《たましい》のなかには、アフリカ人の魂や、中南米で白人に殺された人の魂など、いろいろなものが入っていて、どちらかというと、白人に殺されたインディアンに近い気持ちが心情的には流れています。それがアメリカの極左的な意見として表れています。

彼は、「差別された黒人の怨念《おんねん》の部分を晴らしたい」という気持ちを持っています。黒人のルーツはアフリカです。そのアフリカの怨念とは何かといえば、白人の支配に対する恨みです。

「何百年と植民地にされたことへの恨み」、すなわち、「人間として扱《あつか》われず、アメリカに、物として、家畜《かちく》として売り飛ばされ、奴隷としてこき使われたことへの恨み」を彼は代弁しているはずなので、その復讐《ふくしゅう》は、「アメリカの自己崩壊《ほうかい》を起こす」というかたちで出てくると思うのです。

オバマ大統領の時代にすべてが行われるかどうかは分かりませんが、私の考えでは、「オバマ大統領は、ソ連邦《れんぽう》を崩壊させたゴルバチョフと同じ役割を果たすのではないか」と思っているのです。

ゴルバチョフは、「ペレストロイカ」と言って、旧ソ連の改革をし、ソ連の最初の大統領になり、西側の価値観を持った新しいソ連をつくろうとしたところ、ソビエト帝国そのものが崩壊し、国がバラバラになってしまいました。ゴルバチョフの表面意識は、あのようになるとは思っていなかったでしょうが、われわれは、「そうなるだろう」と思っておりました。

ソ連は、軍事国家であり、帝国主義国家でしたので、「弱めなければいけない」と思っていました。実際、そうなりましたが、オバマ大統領は、結局、このゴルバチョフのような役割を果たすと思われます。

ノーベル平和賞をもらったので、ゴルバチョフと同じですが、きっと「アメリカ帝国の崩壊」が始まると私は思いますね。

日本には、イスラム圏とキリスト教圏との「仲介役《ちゅうかいやく》」を期待する

一時期は、困難が来たように見えますが、世界にとっては、「ある一定の押し付けられた価値観が崩壊し、これから、各民族が自決する時代が来る。各民族が、自分たちの考え方で自立し、繁栄《はんえい》する時代が来る」ということを意味しています。

「違った個性を持つ国同士が、どういう関係を結んでいくか」ということが流動化し、それについての判断は各国に委ねられるような時代が来ると思っていま

す。

その意味で、私は日本に悪意を持っていません。

実は、日本が、東西を結び付ける懸《か》け橋になるというか、コネクションになると思っています。「アメリカ・ヨーロッパ」と「アジア・アフリカ」とを結び付ける核が日本であると思っています。

キリスト教圏とイスラム圏の両方の利害を見据《みす》えながら、バランスを取る役割をするのが、実は日本であり、日本が仲介をしなければいけない時代がもうすぐ来ると思っています。

オバマ氏がアメリカ帝国の衰退《すいたい》・崩壊を招くとすれば、あるいは、オバマ氏に続く人がそれを進めていくとすれば、日本の時代が来ると見ております。

日本は、もう一つ、中国という大国を相手として持っております。

日本には、「アメリカ、ヨーロッパという、白人優位のキリスト教国家」対

「黒人と黄色人種の多いイスラム国家」との対立を解消させ、融和させる役割が期待されていますが、その次は、中国の覇権《はけん》主義の解消ですね。今、アメリカに代わって中国が覇権国家になろうとしているので、この野望を押しとどめ、それぞれの民族が幸福を求めつつも融和していけるようにする役割が、実は期待されているのです。

それが、日本に救世主が降臨された正当な理由であると思う。

それができるのは、今、日本以外にありえません。アジアの弱小国では駄目《だめ》です。一定以上の力が必要です。両方の文明をつなげる橋渡しができるのは日本しかない。したがって、日本には、これから、偉《えら》い方が数多く出てくると私は思っています。

日本人は英語の勉強をしているけれども、できれば、アラビア語を勉強する人も、もう少し増やしてもらわないと困りますね（笑）。「バランスを取って、アラビア語もやってもらわないと困る」と思っております。はい。

北朝鮮《きたちょうせん》とイランのつながりについては、どう考えるか

B――　日本への期待を語っていただきましたが、今、私たち幸福の科学は政治活動も始めており、特に北朝鮮《きたちょうせん》の核ミサイル問題を懸念《けねん》しております。

そして、北朝鮮は、パキスタンやイランと、核開発やミサイル開発でつながっていると言われています。こういう状態では、日本としては、中東に対して厳しい見方をせざるをえないかと思います。

このへんの、日本人にとってあまり好ましくないつながりについては、どのように考えておられるでしょうか。

ムハンマド　まあ、それはね、日本の国策は今はまだ欧米重視であるので、基本

的には、イスラム圏の利害を代弁している私の考えとは、必ずしも一致《いっち》しないかもしれません。

これは、もう、善悪の問題ではなく、時代の趨勢《すうせい》の問題なんですよ。歴史がどちらの方向に進むかによって善悪が決まってくるのであり、実は、そのものずばりの善とか悪とかいうものはないのです。

要するに、「歴史がどう展開するか」ということであり、例えば、北朝鮮が朝鮮半島すべてを支配してしまうと、「北朝鮮の考えが善」ということになってしまうわけですよ。

北朝鮮は、やはり韓国《かんこく》が欲《ほ》しいでしょう。貧しいので、基本的には韓国の経済力が欲しいでしょうね。

彼らは、「核兵器によって韓国に白旗を揚《あ》げさせ、降伏させれば、併合《へいごう》ができる。北朝鮮の武力で韓国を併合し、七、八千万人の国家をつくる。次に、『中国と共同歩調を取る』と言いながら、日本を取りに行く。統一朝鮮と中国で攻めれば、日本は、とても敵《かな》わないので、白旗を揚げるだろう。そして、三十五年間、朝鮮半島を支配した日本に、罪滅《つみほろ》ぼしをさせたい」ということを、当然、考えています。

「日本には原罪がある。アダムとイブの犯した原罪のようなものが日本にはある。日本は悪い国である」と教えるような教育を、北朝鮮でもやっているし、韓国でも、ずっとやっています。

「日本は悪い国である」という点では意見が共通するので、それによって意見を一致させ、南北朝鮮を統一しようとするでしょう。

「敵をつくることによって内紛《ないふん》を収め、国内を固める」というのは、基本的には、よくある手法であるので、「日本を敵視することで南北朝鮮を一つにしようとする」というのが基本戦略だと思われます。

その前には、武力的に、核兵器によって韓国を屈服《くっぷく》させる必要がある。

こうした大戦略の下《もと》に北朝鮮と中国が組んで、アメリカ軍をアジア地域から撤収させようとしています。「日本からも追い出し、台湾からも追い出し、韓国からも追い出す」という作戦を立てているのです。

狙《ねら》いは、もちろん、今言ったように、「南北朝鮮の統一」、そして、「中国と同盟関係を結ぶことで、日本を植民地化する」ということです。日本を悪の国と見ているので、少なくとも、「一定の苦しみを与《あた》えたい」という気持ちを持っている。

「イランは悪の国である」「北朝鮮は悪の国である」という、ものの言い方もありますが、逆に、イランや北朝鮮が優勢になると、今度は、「日本は悪の国である」と指定され、「日本を滅ぼすべし」「日本を搾取《さくしゅ》すべし」と言われるようになります。まあ、こういうこともあるわけです。

日本は、中国と北朝鮮に対して、あまりにも無防備

北朝鮮は、日本を植民地化したら、日本が、かつて、三十五年間、朝鮮半島に災いを起こし、朝鮮人を数多く殺したことの、その罪滅ぼしをさせるために、例えば、「日本人は、その収入の二十パーセントを朝鮮半島に送金すべきである」というような法律をつくりたいでしょうね。

そして、日本の工業技術によって、南北朝鮮の経済の立て直しをやりたいでしょう。日本の企業《きぎょう》を奴隷のように使って、南北朝鮮の立て直しをしたいと思っています。

中国も、日本を属国にして、近代化を図《はか》りたいでしょう。「日本を、中国における台湾のような立場に追い込んでいきたい」と考えていると思います。

今、アメリカは引いていこうとしているし、オバマ大統領がゴルバチョフ化し

ようとする流れにあるので、非常に危《あや》うい時代が続くと思います。

ですから、日本が、憲法九条を守り、絶対平和主義でいるかぎり、絶対に日本を植民地化できます。可能です。日本の左翼《さよく》勢力が、指導的な強い言論を張り、日本をリードするかぎり、日本は必ず取れます。日本人を奴隷化することは可能です。

順序として、まず、中国は、台湾を落として占領《せんりょう》することを考えており、北朝鮮は、韓国を併合することを考えております。そして、その次に、共同して日本を取るつもりでおります。

彼らの共通目標は、「だいたい、あと十年で台湾と韓国を落とす」ということであり、次は、「朝鮮と中国で日本を共同統治する」ということが基本戦略です。

アメリカは、今、軍事予算を削減して財政赤字を減らし、国際的孤立《こりつ》への道を歩もうとしているので、このままであれば、日本は着々と植民地化を進められるであろうと思います。「日本は、もう少し友達をつくらないと危険だ」と私《わたくし》は思いますね。

今、鳩山《はとやま》氏は、ゴルバチョフ氏やオバマ氏がやろうとしていることと、同じようなことをやろうとしているように、私には見えます。〝日本解体計画〟を実践《じっせん》しようとしていますね。

そして、小沢一郎《おざわいちろう》という人は、もう中国との同盟を考えています。「植民地にされる前に同盟してしまおう。自分のほうから名乗り出て、中国の事実上の一省に加えてもらおう」と考えています。「日本が、ハワイに次ぐ、アメリカの州になる代わりに、中国の属州になる」という考えです。

アメリカ人から見ると、日本には、中国とどこが違うのか分からないところがあります。「日本は中国の一省であって、同じ漢字文化でしょう? 言葉も通じるのではないか」と思っているような人が、アメリカには、たくさんいます。

まあ、アメリカの力が弱れば、「中国に日本を任せたらよいだろう」というような考えになってくるでしょうね。そうしたら、中国が朝鮮半島と日本を支配するようになる。

で、鳩山氏が言っているのは東アジア共同体ですか？　結局、盟主は中国になると思います。「大中華帝国《だいちゅうか》」を復活させるというのが彼らの夢なのです。

だから、中国は、アメリカに対して、「孤立主義でアメリカ大陸のなかにこもっていなさい。もし、そこから出てくるようであれば、大陸間弾道弾でアメリカの都市部を攻撃しますよ」と、あるいは、「アメリカ国債《こくさい》を大量に持っているので、それを一斉《いっせい》に売り払《はら》い、アメリカ経済を崩壊させますよ」と、こういうダブルの攻撃方法を考えています。

中国に関して、日本は、今、あまりにも無防備で弱いと思います。

中国への対抗上《たいこうじょう》、日本はイスラム教国との友好関係も大事にすべき

中国に台湾を取られたら、われら中東からの石油も日本には入ってこなくなります。台湾に軍事基地をつくられ、航空母艦艦隊をつくられたら、日本のタンカーなどは台湾付近を通れなくなるので、基本的に原油はストップします。だから、日本は、石油に代わるエネルギー、例えば、原子力開発等の推進を、しっかりやっておかなければいけません。今のままでは、石油エネルギーを止められてしまえば、この近代国家は崩壊します。

エネルギー政策はとても大事だと思いますね。少なくとも、石油を持っているイスラム圏との融和・融合は、やはり大事にしたほうがよいのではないでしょうか。私はそう思います。

さらに、シーレーンの確保および空の防衛を考えなくてはなりませんね。タン

カーが朝鮮半島から台湾方面を通れないとしたら、オーストラリア方面からの輸送というかたちになるので、このあたりの海域を防衛できる戦力を持たなければ、やがて第二次大戦と同じようなことが再現されます。

日本は中国の復讐を受けることになるでしょう。まもなく中国に支配される可能性があります。この十年のせめぎ合いで流れが決定すると思いますね。

ただ、アメリカも、「共和党系の大統領がまた出てくる」ということもないとは言えませんし、日本も、政治的勢力が変わってくることはあると思います。

幸福実現党ができていることは私も知っておりますが、まだ政治的力はないと認識しております。おそらく、この政党が日本でイニシアチブをとるようであれば、中国・北朝鮮系の植民地計画は阻止《そし》できるだろうと思います。

ただ、アメリカの没落自体は、アラブ圏にとっては有利なことでもあるので、共和党系の大統領が出てきたときには、アメリカが力を盛り返してイスラエルを支援し、イスラム教国を滅ぼす方向に行かないように、きちんと説得して調整・コントロールする努力を、日本にしてもらわなければいけないと思っています。

アラブの国は、少なくとも、「日本を支配しよう」という気持ちを持っていません。「できれば、日本と友好関係を持って、日本のように繁栄したい」という気持ちのほうが実は強いので、日本においても、そういう方針を出していただければ、協調することは可能かと思っております。

まあ、そのへんのバランスを取りながら次の時代を率《ひき》いていくのが日本の使命であるので、優秀《ゆうしゅう》な指導者が出てこなければいけないと思います。おそらく、そういう人材は、眠《ねむ》っているというか、もうすでに用意されているのではないかと思いますね。

5　日本とイスラム圏《けん》の霊界《れいかい》交流について

B――　日本神道《しんとう》の霊界《れいかい》とイスラム霊界との間には交流があると伺《うかが》っております。興味本位の質問になるかもしれませんが、実際の霊界事情は、どのようになっているのでしょうか。

ムハンマド　まあ、今、日本にモスクができたりはしていますが、日本の人口一億三千万人のうち、イスラム教徒は、せいぜい五万人ぐらいしかいません。

宗教というのは一つの霊界をつくるものなので、イスラム教自体の日本への浸《しん》透度《とうど》がまだ低い今の段階では、イスラム圏《けん》から日本へ転生《てんしょう》することは、かなり難しいでしょう。

そう簡単には生まれられないし、日本人がイスラム圏に転生することも、何か縁《えん》がなければ、なかなか難しいというのが現実です。

例えば、日本人であっても、仕事で縁があったり駐在《ちゅうざい》したりしたような方であれば、イスラム圏に生まれ変わることは可能です。しかし、「まったく縁のない方は、なかなか、転生するつてがない」というのが現実ですね。

ただ、過去においては、歴史的には知られていませんが、一部、交流のあった時代があります。

アラビアの、いろいろなものが、インド、中国のシルクロードを通って、日本に入っていた時代があります。日本に正倉院《しょうそういん》などがあった時代ですから、白鳳《はくほう》、奈良《なら》の時代です。ちょうど、私が地上に生まれていた時代になります。

ムハンマドが生まれていた時代と、聖徳太子《しょうとくたいし》が日本に生まれていた時代は、ほぼ同時期に当たります。「その時代に文物《ぶんぶつ》の交流があった」ということです。

アラビアと文物の交流があって、織物なども、たくさん入ってきておりますし、ガラス製品や陶芸《とうげい》製品等も、だいぶ入ってきております。そういう交流があったことは事実であり、「その影響《えいきょう》で霊界においても多少つながりがあった」ということは言えます。

中国ではイスラムの教えは回教《かいきょう》と言われていますが、仏教と紛《まぎ》らわしい教えのように言われて、一部、日本に入ってきたこともありました。

今、聖徳太子の時代と言いましたが、不思議と言えば不思議ですけれども、聖徳太子等と私は霊界で交流があります。聖徳太子や、彼の魂《たましい》の兄弟であるリンカン等とは交流があるのです。

彼らは、「差別や迫害《はくがい》をされているような人たちは助けなければいけない」という考えを持っております。「イスラム圏等が、あまりに悲惨《ひさん》な目に遭《あ》い続けるようであれば、助けなければいけない」という気持ちを持ってくれておりますね。そういう意味で、聖徳太子系とはつながりがあるので、彼らの知り合い等が、「イスラム圏に生まれたい」ということであれば、生まれてくることはできます。

ただ、イスラム圏に生まれたとしても、今の日本の状況《じょうきょう》から見れば、〝音信不通〟というかたちになって、「その人が何をしているか」は分からないだろうと思います。アラブの国で、たとえ大臣に出世しても、それを日本人は誰《だれ》も分からないでしょう。「活躍《かつやく》していても、分かってはもらえない」という状況ではありますね。

交流は一部あります。ただ、パイプはまだ細いのです。

B――　貴重なご見解を賜《たまわ》り、ありがとうございました。

6　アルカイダやタリバンを、どう見ているか

C――　本日は、霊言《れいげん》を賜《たまわ》り、本当にありがとうございます。

私は、幼少時に二年ほど、父親の仕事の関係で、インドネシアのジャカルタに住んでいたことがあります。当時、『コーラン』の響《ひび》きやスカーフを巻いた女性などを身近に感じていました。

現在は、幸福の科学の国際局において、「エル・カンターレ信仰」を地の果てまでも伝えようと伝道に励《はげ》んでおります。

さて、私からの質問ですが、ムハンマド様は、幸福の科学とイスラム教との違《ちが》いを、どのように考えておられるのでしょうか。また、現在、天上界《てんじょうかい》から、どな

たを指導しておられるのでしょうか。お教えいただければと思います。

イスラム圏《けん》からの、幸福の科学への指導は少ない

ムハンマド　幸福の科学には、たくさんの高級霊が霊指導をされていますが、イスラム圏《けん》からの指導は少ないですね。その理由としては、「現実に日本との交流が少なく、日本人がイスラムのほうにあまり関心を持っていない」ということが大きいのです。

ほとんどの日本人は、「ムハンマド」と言われたら、たぶん分からないでしょう。「マホメット」と言われれば、「聞いたことがある」というぐらいの反応でしょう。イスラム圏について知っていることとして、あとは石油とペルシャ絨毯《じゅうたん》ぐらいしかないのではないでしょうか。

今、文化的には非常に距離《きょり》があるし、日本のマスコミの駐在員《ちゅうざいいん》も非常に少なく

て貧弱です。欧米《おうべい》からの情報を間接的に見る以外、アラビア半島系の情報があまり取れない状態にあるようです。商社など、そういう仕事をやっている一部のところ以外では、情報が少ないのです。また、アフリカの情報もとても少なくて、欧米に偏重《へんちょう》している傾向《けいこう》があると思います。

ただ、「日本が大国であるならば、やはり、先輩《せんぱい》として、もう少し、後進のものを導く使命もあるのではないか」と私《わたくし》は思うのです。

アルカイダは非常に純粋《じゅんすい》な原理主義者である

「イスラム教徒は、自爆《じばく》テロを起こすから怖《こわ》い」というような、単純な考えだけで刷《す》り込《こ》まれすぎるのは、どうかと思います。

ワールドトレードセンターで三千人ほどの方が亡くなっていることは、確かに気の毒かとは思います。

けれども、アメリカに殺されたイラク人は十万人どころではありません。もっともっと殺されています。アフガンにおいても、いったい何人の人が死んだか数えようがない状態です。何万人も、あるいは、もっと多いかもしれません。それだけの人が死んでいます。

それから、アメリカは、とにかく、アルカイダを敵視し、ウサマ・ビン・ラディンを殺すことを目的にしていますが、アルカイダというのは非常に純粋《じゅんすい》な原理主義者の集団なのです。

原理主義者というのは、キリスト教であれ、仏教であれ、イスラムであれ、どの宗教でもそうですが、その宗教が起きた時代の姿を、そのまま現代に再現しようとするので、現代社会と必ずぶつかるのです。

仏教の原理主義だったら、仏陀《ぶっだ》の時代の生活を現在ただいまに再現しようとするでしょう。今、あなたがたは、「幸福の科学」という団体だから、世の中に受け入れられていますが、原始仏教の姿をそのまま再現したら、タブーが数多くあるので、そうは言っても、受け入れられないだろうと思います。

キリスト教においても、原始キリスト教の考え方は、今のキリスト教会の考えとは全然違います。

イエスが生きていた時代に、今の教会制度のようなものがあったら、イエスは絶対に否定しているはずです。ユダヤ教の教会制度のようなものに、実は、自分たちがやられたので、そういう統治のシステムを彼は否定したと思います。つまり、原始キリスト教の考え方は現代に合っていないと思います。

「ウサマ・ビン・ラディンは、悪の権化《ごんげ》であり、テロの総帥《そうすい》である」というように言われていますが、この人も原理主義者なのです。

だから、「ムハンマドなら、どうしただろうか」というように考えるわけですね。「ムハンマドだったら、徹底抗戦《てっていこうせん》するだろう。自分たちを滅ぼそうとする勢力に対して、徹底的に戦うだろう」というように原理主義者は考えるわけです。宗教的に純粋であればあるほど、そうなります。

イスラムから見れば、ウサマ・ビン・ラディンは現代のサラディン

かつて、キリスト教の十字軍がエルサレムに攻《せ》めてきたとき、それを撃退《げきたい》し、大勝したサラディンは、イスラム教徒から英雄《えいゆう》として扱《あつか》われています。

イラクのフセイン元大統領は、サラディンの再来を思わせようとして努力をしていたようです。そう見えるところがありました。

第一次の湾岸《わんがん》戦争において、英米相手に一戦を交えただけで、そのあと十年ぐらい、サラディンを気取っていましたが、実際、彼は、イスラム圏では、かなり人気があったのです。

「欧米と戦ったけれども、まだ大統領として持ちこたえている」ということで

人気があったのですが、子供のほうのブッシュ大統領は、それが許せなかったわけです。

「父親は、バグダッドまで攻めて、サダム・フセインを倒《たお》すべきだったのに、コリン・パウエル参謀総長《さんぼうそうちょう》が止《と》めたので、やめた。父親は中途半端《ちゅうとはんぱ》だった」と考えて、息子のほうは、「とどめを刺《さ》す」ということを使命のように思い、まあ、ヤクザ風に言えば、「因縁《いんねん》を付けた」というところでしょうか。

実際は、「父親の仕事の積み残しを、ワールドトレードセンターのテロにかこつけて、やってしまった」ということだと思う。私怨《しえん》というか、そういうところは、かなりあったと思いますよ。

私から言えば、ウサマ・ビン・ラディンは極悪人《ごくあくにん》ではありません。むしろ純粋主義者であり、はっきり言えば、「現代のサラディン」です。イスラム教国から見れば、少ない武器で抵抗《ていこう》勢力となり、世界的レベルで戦っている人であるからです。

イスラム教徒のなかには、「彼らは過激派であり、イスラムとは関係がない」と言う人も多いのですが、それは、商売上、欧米とも付き合わなければならず、アメリカにもヨーロッパにも油を売らなければいけないので、そのように言っているのです。

例えば、明治維新《めいじいしん》でも、「攘夷《じょうい》」とか言って、暗殺を企《くわだ》てるような過激浪士《ろうし》がいたと思いますが、全員が極悪人ではなかったはずです。そのなかにも光の天使的な人がいたはずです。先日、来ていた吉田松陰《よしだしょういん》のような人だって、老中暗殺を企てたことがあるぐらいですからね［注3］。

逆に、幕府の側も、そういう維新の志士たちを斬《き》り殺す、暗殺部隊のようなものを持っていました。

まあ、政治には、そういうところがあります。

今のオバマ大統領は、「タリバンは悪の巣窟《そうくつ》であり、これを一掃《いっそう》しなければ、世界の平和は来ない」と見ていて、「イスラム教の問題ではなく、タリバンの問題である。タリバンが潜伏《せんぷく》して、いろいろな所で攻撃を仕掛《しか》けているのが悪いのだ」というような論理に持っていこうとしています。

タリバンを、何か、秘密結社というか、特殊部隊の養成所《ようせいじょ》のように捉《とら》えていますが、タリバンは、本来、「神学校」であり、イスラムの教えを教え込むところです。原理主義的な考え方が非常に強い神学校なのです。

例えば、ムハンマドである私にしても、クライシュ族の、伝統ある神々を否定し、さらに、攻撃まで仕掛けてメッカを占領《せんりょう》し、独立してしまったので、「非常に悪い人である」という見方もあるでしょう。しかし、「その後《ご》の時間の流れのなかで認められてきた」ということです。

キリスト教徒からも、ずいぶん憎《にく》まれましたしね。

そういうことがあるので、私は、「ウサマ・ビン・ラディンは悪魔《あくま》である」とは思っておりません。「サラディン的な役割を持った人である」と思っております。

彼らが持っているのは、せいぜいライフルか自動小銃《しょうじゅう》程度です。それで核大国《かくたいこく》アメリカとの戦いをやっているのです。「テロという態度が卑怯《ひきょう》である」という言い方もあろうかと思いますが、「近代戦ができるような軍隊を持っていないので、ほかに意思表示をする方法がない」ということでもあるわけです。

したがって、イスラム側から見れば、自分の命を賭《と》して意見を通そうとしている人たちは、ある意味で、〝維新の志士〟であるのです。

イスラム教徒の大勢《たいせい》は、「彼らは過激派であり、私たちと一緒《いっしょ》にしないでほしい」と言って、逃《に》げておりますが、実は、水面下では、支援《しえん》しているというか、応援している人は多いのです。

「ああいう方々がいなくなったら、いずれ、イスラエルに占領され、アラブは解体される」と見ている人がほとんどであるのです。

その意味で、アメリカに内部革命を起こすつもりで、アラブのほうからアメリカに移民として流入している人たちも、今は、かなりいます。

アメリカの帝国主義《ていこくしゅぎ》が終われば、それに抵抗《ていこう》していた者は「正義性」を帯びてくるだろう

歴史というのは難しいのです。歴史は必ず勝者によって書かれるので、負けたほうに正義があったとしても、消されたるものは、その意見を遺《のこ》すことはできません。

あなたがた日本の立場としては、アメリカと同調しなければならないとは思います。ただ、オバマ氏は、今、おもにタリバンに対して攻撃をしていますが、私

は、「いずれ引く」と思っていますし、「アメリカの帝国主義《ていこく》が、もうすぐ終わるだろう」と思っています。

そして、「アメリカが帝国主義を引っ込めたならば、そのアメリカに抵抗《ていこう》して戦っている者には、一種の、ある意味での『正義性』を帯びてくる面があるかもしれない」と思っています。

そういう、歴史の逆転現象が起きる可能性はあるので、そのへんについては、大きな目で見ないと分からないところがあると思いますね。

その意味では、「とにかく、ウサマ・ビン・ラディンを殺しさえすればよい」と言うのは、もしかしたら、「坂本龍馬《さかもとりょうま》を暗殺すれば、幕府は安泰《あんたい》だ」とか、「吉田松陰を殺しさえすれば、幕府は安泰だ」とか言っていたことと同じである可能性があるのです。

吉田松陰は、けっこう過激派ですよ。思想的に純粋になればなるほど、行動が過激になるのです。思想が純粋化して、単純化してくると、人間は行動的になってくるのです。複雑に考える人は行動的になれません。「純粋化してくると、過激になってくるところがある」ということです。

アメリカは、ユダヤ人の一方的な入植《にゅうしょく》を認め、イスラエルという国を建て、そして、核兵器まで持たせています。しかし、アラブ諸国から見れば、イスラエルは、日本にとっての北朝鮮《きたちょうせん》のような存在なのです。

ですから、基本的には、「われわれは、アメリカに、不公平なダブルスタンダードをやめてもらいたくて、抵抗運動をやっているのだ」ということです。

アラブの八割方の人たちは、日和見《ひよりみ》をしていると思いますが、私の目から見たら、「ウサマ・ビン・ラディンは決して悪人ではない」ということです。あなたがたには納得しがたいことかもしれませんが、私の目から見たら、悪人ではありません。

［注3］本霊言を収録する前の二月十日と十三日、「吉田松陰の霊言」を収録した。『一喝《いっかつ》！　吉田松陰の霊言』（大川隆法著、幸福の科学出版刊）参照。

7　世界宗教を目指す「幸福の科学」へのアドバイス

C――　最後に一点、お訊《き》きしたいと思います。

今後、幸福の科学が、イスラム圏《けん》へ、「エル・カンターレ信仰」を伝道していく上での助言やアドバイスをいただければと存じます。

また、イスラム教徒の方々が、幸福の科学に入信してくる意義について、お教えくださいさい。

「ムハンマドの霊言《れいげん》」を出版することが〝いちばん〟である

ムハンマド　それは、もう「ムハンマドの霊言《れいげん》」を出版することが〝いちばん〟

です（笑）。これをアラビア語訳にして出したら、もっと良いですね。

しかし、「イスラム教徒が幸福の科学のなかに大量に入ってくることが、あなたがたにとって安全かどうか」は保証の限りではありません。

ただ、イスラム教徒のなかにも、経済力を持った裕福《ゆうふく》な人たちがいて、彼らは欧米《おうべい》や日本の事情に精通しているので、まずは、そうした方々に幸福の科学の思想を教え、「将来への鍵《かぎ》が、もう一つある」というか、「彼らにとっての救いの道がまだある」ということを知ってもらうことが大事でしょう。

「幸福の科学や、大川隆法という人は、ムハンマドを光の大指導霊として認めている。イスラム教は邪教《じゃきょう》ではない。キリスト教と違《ちが》う面はあるが、邪教ではない。人間界では争いが起きているけれども、邪教というわけではないのだ。そして、イエスとムハンマドが、あの世で取っ組み合いの喧嘩《けんか》をしているわけでもないのだ」ということを彼らに教えてくれるだけでも、非常に大事なことであると思うのです。

「イエスとムハンマドが、あの世で、殴《なぐ》り合いをして、ボクシングの試合のようなことをやっている」というように思うなら、それは大変なことです。

キリスト教も使命を終えつつあると思う

まあ、キリスト教には偏狭《へんきょう》なところがありますよね。

ダンテの『神曲』のなかでは、ムハンマドは、当然、地獄《じごく》に堕《お》ちて、地獄の最深部で苦しんでいることになっています。さらに、仏陀《ぶっだ》まで地獄に堕とされています。ダンテの『神曲』でいけば、仏陀も地獄行きなのです。

自分たちの宗教以外の人は、すべて地獄行きにしてしまうのが、キリスト教徒であるのです。これは非常に偏狭な考え方であり、イエスの教えとは違うと思います。

これは、イエスの教えではなく、イエスを葬《ほうむ》ったほうの教えだと思います。つまり、古代ユダヤ教の教えに近いと思います。

私は、「古代ユダヤ教にも、預言者として、立派な方が数多く出たので、その歴史そのものは人類の遺産として遺《のこ》すべきである」とは思いますが、「宗教としてのユダヤ教が、これから未来に必要かどうか」ということについては疑問があります。

「キリスト教が全世界の二十億人にまで広まった」という段階であれば、ユダヤ教という宗教は、キリスト教に吸収されてもよいのではないかと思います。「イスラエルに特殊《とくしゅ》な地位を与え、ユダヤ教を温存することが、次の火種になる。キリスト教にとっても、イスラムにとっても、火種になる」ということであれば、あまり、よろしくないと考えております。

「できれば、幸福の科学にすべてを委ね、未来を導いてくださるとよい」と思います。

ある意味で、キリスト教の使命も終わりつつあると思うのです。

キリスト教の教え自体には普遍性《ふへんせい》がありますけれども、イエス・キリストその人は、幸福の科学に来て、大川隆法を通じて教えを説いています。クリスマスにも教会へ行かず、幸福の科学のほうで指導をしています。

これは、クリスチャンにとっては認めがたいことでしょう。本当であれば、あなたがたも〝タリバン〟にされる可能性があるということです。大勢のクリスチャンが、その事実を知ったら、あなたがたも〝タリバン〟にされる可能性はありますが、現実は、そのとおりです。

ほかの宗教も認めるのが、ムハンマド時代のイスラムの態度

イエス・キリストは、今、キリスト教国ではなくて、実は幸福の科学で教えを

説いているし、幸福の科学では、当然、仏陀の教えも説かれています。そして、とうとうムハンマドも出てきたわけです。

あと、孔子《こうし》も、当然、幸福の科学には出ています。

中国は、今、「世界第二の大国になろう」「何とか文明国入りしよう」としていますが、「宗教を批判し否定する無神論、唯物論《ゆいぶつろん》では、国際的に認められない」ということが分かってきたので、「とりあえず孔子を復活させることが、いちばん無難である」という考え方を持っています。そして、その孔子も、幸福の科学のほうでは認めているわけです。

世界の教えを、すべて取り入れて認める。実は、イスラムの態度は、こうだったのです。

ムハンマドの時代には、イスラムの態度は、「ほかの思想や宗教を認める。先《せん》輩《ぱい》であるキリスト教も認める。さらに、古代ユダヤ教の預言者も認める」という立場であり、非常に寛容《かんよう》だったのです。

ところが、「その寛容なイスラムも迫害《はくがい》された」ということです。「あとから来たものは偽物《にせもの》である」ということで、キリスト教徒から迫害をされたのです。

しかし、キリスト教内部のほうでも迫害がずいぶんありましたね。イエス以降のキリスト教の流れのなかでは、「異端者《いたんしゃ》を火あぶりなどにする」ということで、自分たちの手で光の天使を殺すということも数多くやってきたのです。

イスラムの霊的な部分は、ヘルメスが指導していた

キリスト教では、例えば霊界観が足りないでしょう？　霊界を十分に説いていないでしょう？

けれども、イスラムは、霊界観がはっきりしているのですよ。霊界観を非常にはっきりと説いているところが、キリスト教に比べて優《すぐ》れている点です。

イスラムの教えは、霊界についてははっきりと説き、天国と地獄も、はっきりと説いています。キリスト教でよく分からないことが、イスラムでは、教えとして、はっきりと説かれているのです。

「霊言が降りる」と言う以上、霊界がなければ成り立ちませんね。そのように、「霊的である」というところがあると思います。

あと、違いがあるとすれば……。それは、「『旧約聖書』の神。『新約聖書』の神、つまりイエスの神。それから、仏教の仏陀。イスラムのアッラー。こうした存在が、どういう関係にあるのか」というところが基本的な問題かと思います。

すでに、あなたがたに明らかにされているように、アッラーを名乗って私に通信を送った者は少なくとも四十人はいます。幸福の科学では、そのように言われているはずです。

そのとおりです。イスラムの教えをつくるために、指導霊がチームを組んでやっておりました。実は、「アッラーの声と言われているもののなかには、幸福の科学の今の霊言のように、いろいろな指導霊の意見が入っていた」ということです。そのため、現実には、個性に少しブレがあります。

そして、イスラムの神秘主義を主として指導したのは、あなたがたの「ヘルメス」という方です。ヘルメスがイスラム神秘主義を指導しています。

イスラムの教えのなかで、特に霊的な部分、「スーフィズム」と言われているところに、ヘルメスやトスの指導がかなり入っています〔注4〕。

イスラムは、大きくはシーア派とスンニ派の二つに分かれますが、スーフィズムの流れはスンニ派のなかにかなり入っています。そして、スンニ派の大統領であったのが、実はサダム・フセインなのです。

だから、イスラムを全部、否定されると、ヘルメスの教えまで否定されていくところが現実にはあります。

キリスト教は霊界思想や神秘主義のところに弾圧《だんあつ》をかけていきましたが、例えば、グノーシス派を指導していたのはヘルメスです。ヘルメスが、実は、グノーシス派という、キリスト教の一派を指導していたのです。

キリスト教に転生輪廻《てんしょうりんね》などの霊界思想が足りないので、キリスト教の改革のために、光の天使を地上に送り込《こ》み、グノーシス派やカタリ派、異言《いげん》派などを起こしたのですが、彼らは、ほとんどが殺されました。しかも、単に殺されただけではなく、弾圧され、皆殺《みなごろ》しにされ、殲滅《せんめつ》されてしまいました。これがキリスト教の怖《こわ》いところです。キリスト教には、そういうところがあります。

しかし、イスラムは基本的には寛容なのです。「イスラム教徒が、あなたがたを、どう判断するか」は分かりませんが、基本的には、寛容に包み込む教えを持っています。

したがって、イスラム教徒は、ヘルメス的な考え方自体は受け入れると思います。ヘルメスは、「戦いもすれば、商売もする。繁栄《はんえい》・発展を目指す」という王様でしょう? そのヘルメスの考え方は、イスラム教徒が受け入れる考え方ではないかと思います。

私は、イスラム教徒への伝道は、いけるのではないかと思います。

形式的なところで差別されるのは、悲しいこと

あなたがたから見て違和感があるのは、イスラム教徒の、凝《こ》り固まっている外見の部分だと思うのです。

例えば、「ラマダン」といわれる月には、一定の期間、断食《だんじき》をしますが、仏教も断食をしますよね? 実は、これは仏教の思想を受け入れたものなのです。インドから西南アジアまでの距離《きょり》は近いのです。インドの仏教やヒンズー教の、修行のスタイルを受け入れたのが、「ラマダンのときに断食をする」という義務な

のです。

今、あなたがたに「絶食せよ」とか言うと、けっこう参ってしまうと思いますが、別に違和感を持つ必要はないと思います。

それから、スカーフ（ヘジャブ）を着ることが差別の原因になっています。ヨーロッパでは、「スカーフを着ることを禁じる。禁じない」とか、やっていますね。

『コーラン』や『ハディース』のなかには、そういう教えもあるかもしれませんが、私《わたくし》は、現時点では、それを固守し、それに固執《こしゅう》して、「そうでなければならない」と言うつもりはありません。

砂漠《さばく》の地帯では、ああいうものを着て日除《ひよ》けをしていたのです。基本的には、日焼けを防ぐために、黒いものを頭巾《ずきん》のように頭から被《かぶ》っていたのであり、寒い所など別の地域では別の格好をしても構わないと思います。これは原理主義的な考え方の一つですね。

あなたがたも、今は、袈裟衣《けさごろも》を着ないで、スーツでやっているでしょう？　スーツを着て、こういう半袈裟《はんげさ》を掛《か》けているかもしれないけれども、これでは、仏教としては異端でしょう？

本当は、袈裟衣といって、一枚布で体を巻かなければいけないのでしょう？　しかし、今の日本では、そういう姿で外を歩いたら、生活ができないし、「気持ちが悪い」ということで、みな怖《こわ》がるので、こういうかたちになったのでしょう？

それは、「形式」を取らないで、「実質」を取っているからですね。

今、ヨーロッパでは、形式的なところで差別が行われたりしているし、また、イスラム教徒自体が爆弾犯《ばくだんはん》のように思われてきているので、私としては、悲しいところがあります。何とか中和したいと思います。

今、応援《おうえん》してくれているところは幸福の科学しかありません。

キリスト教徒たちは、「イスラムあるいはムハンマドの教えも、光の天使の教えである」ということを知らず、「悪魔《あくま》の教えである」と思っているので、「幸福の科学が、このことを、きちんと言ってくださることは、ありがたい」と私は思っています。

そのようにイスラムのほうも援護することで、実は、あなたがたもバランスが取れると思います。

幸福の科学は日本の右翼《うよく》と思われがちでしょうが、イスラムのほうを応援すると、左翼陣営《じんえい》にも、「あれ？　左翼なのかな？」と勘違《かんちが》いする人も出て、ウイングを両側に張れるところがあると思います。

すべての高級霊の霊言を出せる人は、ただ一人しかいない

最後は「エル・カンターレ信仰」に持っていけばよいのでしょう?

イスラムの神は「アッラー」です。語っていたのは四十人ぐらいいるので、本当は一人ではありませんが、アッラーというのは、日本語で言うと、「神」という言葉に当たるのです。

日本では、「神」という言葉に多義性がありますが、イスラムでは、「神は一人である」と言っているように、「アッラー」というのは、英語で言う"God"であり、本来、「創造主」「造物主」のことを指しているのです〔注5〕。

そのため、キリスト教徒から、「創造主、造物主が、ムハンマドの口を借りて、言葉を語るはずがない」という批判がありました。

しかし、『旧約聖書』を見たら、古代の預言者たちは神の声を聞いてます。

神は、ノアに語ったり、アブラハムに語ったりしています。いろいろな人に神が語っています。人間であるかのように語っていますね。

「天地創造の神は、ユダヤ教のほうの預言者には語れるけれども、ムハンマドには語れないのか」というと、それは、おかしいですね。基本的にそうです。

まあ、大川総裁のように霊言ができる体質までは行かなかったかもしれないけれども、私には、いちおう、神の声を聞けるぐらいの能力まではあったのです。

ユダヤ教の預言者が言っていることは、教えとしては大したことはありません。言っていることのほとんどは判断や方向性の指示までです。

「ソクラテスも霊の声が聞こえた」といっても、「これをするなかれ」という声が聞こえたレベルです。

つまり、大川総裁のように、「高級霊の声を、『霊言』というかたちで、一時間、二時間と伝えることができる」ということは、実は、すごいことなのですよ。

総裁には、出せない霊人がいないでしょう? 一般人《いっぱんじん》から見れば、「嘘《うそ》だ」「ペテンだ」と思うかもしれないけれども、これは本当であって、「すべての宗教の高級霊、大指導霊の霊言を出せる」となったら、それは、もう、一人しかいないのです。

宗教によっては、少し理解できないものもあるかもしれませんが、その「ただ一人の方」の魂《たましい》の一部が、今、この世に下りているとしか考えられないのです。

世界は、「一神教か、多神教か」ということで割れているし、また、一神教同士でも、「神が違う」ということで割れていますが、この問題を最終的に解決するために、今、その「ただ一人の方」が地上に出ているわけです。

これが幸福の科学の使命です。イスラムとキリスト教の対立は、幸福の科学の出現によって終わります。

それから、イスラムは仏教と対立しているわけではありません。仏教徒は、インドにまだ何百万人かはいるそうですが、十数億人の人口から見たら数が少ないので、仏教そのものは衰退《すいたい》していると言えるでしょう。

ヒンズー教には諸派が数多くありますが、ヒンズー教では、「仏陀はヴィシュヌ神の化身《けしん》である」というような言い方をされています。ヒンズー教のほうは、仏陀を神として受け入れているけれども、「仏陀がいちばん偉《えら》い」とは思っていないようです。

しかし、幸福の科学にはヒンズー教の神々を否定する気はないでしょうから、非常に良いと思います。

中国の孔子も孟子《もうし》も、老子《ろうし》も荘子《そうし》も受け入れているのでしょう?

幸福の科学以外に、世界をまとめられる教えがあるはずがありません。これしかないのです。

少なくとも二十二世紀は幸福の科学の時代です。幸福の科学が世界宗教になっている時代であることは間違いない。二十一世紀中に、そうなるかどうかは分かりません。あなたがたは先駆《さきが》けでしょうが、あとで、「そういうことだったのか」ということになれば、それでいいと思います。

イスラムはイスラムとして残るでしょうが、幸福の科学の教えが入ることによって、近代化あるいは脱皮《だっぴ》が進むだろうと思います。

さらに、「ムハンマドの現在の考えは、そうなのか」ということが分かれば、「このへんは考え方を変えようか。必ずしも今までと同じやり方でなくてもよいのだ」というようになるでしょう。「ムハンマドは、『ヨーロッパに行ってまでスカーフを着《つ》けろ』とは言っていない」ということが分かれば、そんな争いを起こす必要はないわけです。

「イスラムは悪魔《あくま》の教えではない」と世界に伝えてほしい

ブッシュがイスラムを悪魔《あくま》の教えであると考えていた理由の一つには、もちろん、一部のイスラム教徒が好戦的であり、テロをやることがあるでしょう。

しかし、ブッシュたちは、テロどころではなく、もっと大量の殺戮《さつりく》をやっている人たちであり、こちらから見れば、大《だい》悪魔に見えなくもないのです。

さらに、彼らは、「好戦的」というところだけでなく、イスラムの「一夫多妻制」についても、悪魔の教えであるかのような言い方をしていると思います。けれども、私は、一夫多妻制を否定するのは、ある意味での唯物論であり、共産主義であると思うのです。

神は、これだけの人口、七十億もの人口のことを考えています。あなたがたには、「縁《えん》の思想」というものもありますが、七十億人もいたら、過去世での縁がない人も数多くいます。

過去の時代に生きていた人間の人数を考えてみたらよいのです。過去に行くほど、人口は、もう、どんどん減っていきます。

この百年ぐらいで急増しているのでしょう? 二十世紀から人口がバーッと急増しているのであり、その前は、世界の人口を集めても、十億人もいなかったし、数億人ぐらいのレベルのときが多かったのです。私の時代ぐらいまで行くと、一億人から三億人ぐらいしか、いなかったはずです。

ですから、過去世《かこぜ》での縁といっても、七十億人もいたら、全員にあるはずがありません。縁のある人もいるでしょうけれども、ない人も数多くいるのです。

縁の考え方は〝もう一つ〟ですね。これは、やはり、考え方を変えるべきだと思います。「この世での経験を、どう判断するか」ということになると、「魂の訓練としては自由性があるのではないか」と思えます。

さらに、キリスト教のなかに流れる「契約思想《けいやく》」にも、善悪の両方の面があるように思います。

「神と人間が契約を結ぶ」という考え方を、そのまま人間同士に当てはめているわけです。これは、取り引きや法律の世界においては、よいかもしれませんが、心の世界、感情の世界においては、必ずしもよいとは言えないと思います。やはり、人によって違いはあるし、まったく同じではないので、時代に合わせた考え方でよいのではないかと私は思います。

私のときも、そうでした。私は、二十五歳《さい》のとき、四十歳ぐらいの妻と結婚《けっこん》をしました。最初の妻は、宗教をつくるときの最初のパトロン（庇護者《ひごしゃ》、応援者）でもありました。

その人が生きているときは私も一夫一婦でしたが、その人が年を取り、亡くなったあとは、協力者であった人たちと次々と結婚をいたしました。

そして、結婚してできた子供たちが分かれていったので、それがイスラムの分派につながりましたが、一方では、イスラムが、いろいろなかたちで広がっていくスタイルにもなりました。

一夫多妻制について、この世的に、いろいろな意見はあるでしょうが、犯罪的なものは別にして、あの世的に見て、宗教的に特に大きな問題があるとは私は思っておりません。

イエス自身は、『聖書』のなかで、「一夫一婦制」という教えを説いていないはずです。むしろ、この教えは古代ユダヤの教えに近いのではないかと思います。

しかし、古代ユダヤ教における一夫一婦制は、実は庶民《しょみん》の教えであり、王様や富裕層には適用されていない教えなのです。

したがって、「一夫多妻制でもって善悪を判断し、『悪魔の宗教である』と決め付けるのは、どうであろうか」と私のほうは考えるものです。

まあ、ありもしない罪をでっち上げ、大騒《おおさわ》ぎをしているのが、キリスト教国の現状の姿ではないかと思います。

クリントン大統領のとき、スキャンダル等がありましたが、王様であれば、別に、そんなことはスキャンダルでも何でもないことです。その国自体が非寛容であり、非常におかしいのではないかと私は思いますね。

それから、インドのマハラジャも、アラブの大富豪《だいふごう》も同じです。

ですから、あり様《よう》はいろいろであり、お互《たが》いに話し合いがつく範囲内《はんいない》で、愛情がある範囲内で、ご自由になされたら、よろしいのではないかと私は思うのです。

「一夫多妻制かどうか」ということでもって、「神と悪魔」「善と悪」を分けるのは、おかしいと考えております。一夫一婦制のもとを辿《たど》れば、おそらくは古代ユダヤ教の契約思想だろうと思います。ただ、それは全世界的には関係がないことです。

仏教にも日本神道にも関係がない思想です。

原始仏教で言えば、それは、結婚そのものができない思想ですので、これを、そのまま現在に適用したら、人類は絶滅でしょうね。日本が〝本当の仏教国〟なら、日本人はゼロになります。

宗教には、そういうところがあるので、「その教えが時代に合っているか」「どういうシチュエーションで説かれたものであるか」等を、やはり、よく吟味《ぎんみ》しなければいけないと思います。

私は、これ自体をもって「悪魔の教え」と言われるのは不本意です。

そもそも、私が一夫多妻を認めたのには理由があります。

当時、メッカとの戦いが起きたために、戦争孤児《こじ》および寡婦《かふ》、すなわち、夫が死んだ者が、たくさん出てきました。そのため、再婚を勧《すす》めましたし、「できるだけ面倒《めんどう》を見てやれ」という意味で、一夫多妻制を周りの者にも認めたのです。

それは、現代的に言えば、社会保障や福祉《ふくし》に当たる考え方かもしれません。実際、女性と子供だけで生きていくことはできなかったのです。

今の日本も、それに近づいてきていると思います。「女性が、夫と離婚をし、パートの収入だけになると、子供を学校にやれなくなる」というようなことが社会問題化していると思いますが、気をつけないと、アメリカのなかにある非寛容な教えが社会をいびつにすることもありえます。

そのへんについては、一度、お考えになったほうがよいと思います。

仏陀は、妻を捨てて出家なさいましたけれども、出家前は少なくとも四人の妻を持っておられました。私は、最初の妻は一人ですが、二度目からは、妻を十数人、持っておりました。しかし、私は地獄に堕ちておりません。モーセも、妻は二人以上いたはずです。イエスも、実質上の妻は二人ないし三人いたはずです。あのソクラテスも、妻は二人いました。

「一夫一婦制は、神の教えとは違う。人間界の掟《おきて》や契約の問題であり、基本的には、嫉妬心《しっとしん》からできている〝戒律《かいりつ》〟である」と私《わたくし》は理解しております。

一夫多妻制への批判もあるようには聞いておりますが、日本の人口増加のためには、イスラムの思想を少し取り入れたほうが、よろしいのではないかと私は考えております。

キリスト教国は、一夫多妻制を、なかなか認めないかもしれません。しかし、キリスト教国にも、やはり、おかしい面があるのでないかと思います。一夫一婦制を善悪の基準にしたために家庭崩壊《ほうかい》が加速しているように見えて、しかたがありません。

ただ、逆に、「イスラムのほうが少し反省をする必要がある」と思われることもあります。

現在、一人の男性が四人までの女性と結婚してよいことになっていますが、公的に認められた結婚以外の自由恋愛《れんあい》をしたら死刑《しけい》になったりするような、過激なことも行われていて、キリスト教国等から批判を受けています。

ある意味で今の人権思想と合わないところがありますが、「女性を財産視していた時代の考え方が、かなり流れているのではないか」と思われます。これについては、一度、考え直してみる必要があると思っております。

とりあえず、幸福の科学においては、「ムハンマドの教え、イスラムは悪魔の教えではない」ということを、世界にきちんと伝えてくだされば、私としては満足でありますし、そう伝えてくだされば暗殺団は来ないものだと信じております。

ムハンマドの言葉として、「幸福の科学の信徒を爆弾テロで狙《ねら》うことは相成らない」と、一言、最後に申し述べておきますので、どうか恐《おそ》れないでください。

彼らは、平和を愛することを教わっている人たちです。イスラムは、慈悲《じひ》と平和を教えている宗教です。そのことを、ご理解願いたいと考えています。

［注4］トスは、ヘルメスと同じく、「エル・カンターレ」の分身の一人。九次元存在。一万二千年前のアトランティス大陸に生まれ、文明の最盛期を築いた。古代エジプトでは「トートの神」として知られている。『太陽の法』（大川隆法著、幸福の科学出版刊）第5章参照。

［注5］アッラーとは固有名詞ではなく、アラビア半島で信仰されていた創造主を意味する「神」のことである。中東の信仰において、創造神を特定するなら、エローヒム、すなわち、エル・カンターレのことになる。『黄金の法』第5章参照。

第2章

「世界の正義」のために戦う

二〇一〇年二月十六日　ミカエルの霊示

ミカエル

七大天使の長。真理流布や魔軍掃討《まぐんそうとう》などにおいて、天使たちを指導し統率する役割を持ち、悪魔の働きを止めるような大いなる力を与《あた》えられている。八次元如来界《にょらいかい》の最上段階（狭義の太陽界）の住人。『永遠の法』（大川隆法著、幸福の科学出版刊）、『大川隆法霊言全集《れいげんぜんしゅう》　別巻1　ミカエルの霊言①』（宗教法人幸福の科学刊）参照。

［質問者三名は、それぞれB・D・Eと表記］

1 イラク戦争やアフガン戦争の持つ意味

ムハンマドに反論する立場にあるのはミカエル

大川隆法 午前中はムハンマドから霊言《れいげん》をいただいたのですが、主としてイスラム側に立った意見であったと思いますので、それを一方的に出すと反論もあろうかと思います。その反論の立場に立っているのは、おそらくはミカエルであろうと推定しております。

すなわち、イスラエルの擁護《ようご》をしているのはミカエルだと考えられますし、おそらく、アメリカの強硬派《きょうこうは》の裏にもミカエルがいるのではないかと推定されますので、こちらの意見も聴《き》いておいたほうが、ジャーナリスティックに見るとフェアではないかと思います。

ミカエルは、ムハンマドとは違《ちが》う論点から語るかもしれませんし、ムハンマドに対して、どのようなことを言うかは分かりません。また、幸福の科学や仏教、今のキリスト教について、どのようなことを言うかも分からないところがあります。

これも、私の意見ということではなく、できるだけストレートにミカエルの意見を聴いてみたいと思います。

ムハンマドとミカエルの霊言を並べることによって、彼らの考え方が、幸福の科学のオリジナルの考え方として固まったものではないことが、たぶん分かるだろうと思います。

なかには、一致《いっち》するところもあるかもしれません。それが何かは分かりませんが、勉強にはなるのではないかと思います。

もし、これで、世界の戦争などの構図や霊的背景が、はっきりと見えることがあれば、何らかのかたちで世の中に資することができるのではないかと考えております。また、現代文明の問題点も見えるかもしれません。

ムハンマドの霊言には、イスラム教を紹介《しょうかい》する面がそうとうあったと思いますが、ミカエルの場合は、すでに霊言もかなり出てはいるので［注1］、そういう自己紹介的な部分は少なくて済むと思います。もう少し、いろいろと意見の交換《こうかん》が可能ではないかと考えています。

今、ミカエルと幸福の科学との間に、どの程度の距離感《きょりかん》があるか、やや分かりかねるところもあります。これについても、質問者に、いろいろと〝球〟を投げて訊《き》いていただき、その反応を見れば、分かってくるのではないかと思います。できるだけ、私個人の考え方や、教団の考え方のようなものは抑え、ミカエルに自由に発言してもらおうと思いますので、その点は、ご了解《りょうかい》ください。

おそらく、ミカエルの意見はイエスとも多少違うのではないかと思います。先ほどのムハンマドの霊言の内容から見て、ムハンマドとイエスが完全に対立関係にあるとは思えないので、ムハンマドと対立しているのはミカエルではないかと推定されます。

では、呼んでみます。

七大天使の天使長ミカエル、七大天使の天使長ミカエル、七大天使の天使長ミカエル、ミカエル、ミカエル、降臨したまえ。

七大天使の天使長ミカエル、降臨したまえ。

七大天使ミカエル、天使長ミカエル、降臨したまえ。

降臨し、われらが疑問に答えたまえ。

（約十五秒間の沈黙《ちんもく》）

ミカエル　ミカエルです。

B――　本日は、ご降臨賜《たまわ》り、まことにありがとうございます。私は月刊「ザ・リバティ」（幸福の科学出版刊）の編集を担当しております。

先ほど、ムハンマド様から霊言をいただきまして、「キリスト教とイスラム教との対立、戦争の背景」について、ご見解を伺《うかが》いました。その内容については、筋の通ったものもあると思いますし、立場が違えば異論もあるかと思いますので、引き続き、ミカエル様にも、この戦争について、ご見解を伺えればと思います。

イラク戦争、あるいは、今も戦っているアフガン戦争に対して、ミカエル様はアメリカをご指導されていると伺っています。ただ、アメリカは、イラク戦争につきましては、実質的に敗戦をし、アフガン戦争についても敗色が濃《こ》くなっています。

これは、当初において目指されたものとは、かなり様相が違ってきているように見受けられるのですが、そのあたりについて、現時点のお考えをお伺いできればと思います。

イスラム教はアメリカ文明に、正々堂々と言論で挑戦《ちょうせん》せよ

ミカエル　あなたは「敗戦」という言葉を使われましたが、私は、敗戦というふうには理解しておりません。「終戦した」と、あるいは「転戦した」と考えております。

あのようなかたちで、ワールドトレードセンターやペンタゴンが、白昼堂々、攻撃《こうげき》されました。世界最強国のアメリカが、その旅客機をハイジャックされ、アメリカの象徴《しょうちょう》が壊されたのです。そのまま何もせずば、また次々と同じようなこ

とが行われるわけです。ホワイトハウスやエンパイアステートビルも狙《ねら》われていたことは分かっています。

こういうことが分かっていて、彼らの言い分に耳を傾《かたむ》け、「なるほど、あなたがたの言うことも正しいから、どうぞ、おやりください」と言うわけにはいかないのです！　断固たる措置《そち》を取らなければ、そうした悪の増殖《ぞうしょく》を止めることはできない。

やってはならないことがあるんです。

言いたいことがあれば、まず言論で言うべきである。「アメリカに問題があり、不正がある」というなら、まず言論で言うべきであって、アメリカ国民や他の国の国民を数多く巻き添《ぞ》えにしたり、旅客機の乗員の命と引き換《か》えにしたり、あるいは、ワールドトレードセンターで働いていた、何千人という多国籍《たこくせき》の人たちを巻き込《こ》んで殺したりというようなことは、断じて許せないんです！

これは、戦争の名にも値しないレベルであり、本当に、ごく凶悪《きょうあく》な犯罪行為《こうい》に近いと私は思います。

もしイスラムがアメリカ文明に対して挑戦《ちょうせん》するなら、そのつもりで正々堂々と向かってくるべきです。「アメリカのここが間違っている」と、はっきりと言って、向かってくるべきです。

正々堂々と向かってきて、戦って勝てないなら、きちんと言葉を慎《つつし》んで反省し、自らのあり方を改めるのが当然でしょう。

イスラム教は人権を抑圧《よくあつ》し、人類を不幸にする

ですから、今、文明に落差があるなら、落差ができた理由をよく考えねばならないのです。

それは、今、神が、「アメリカ文明というか、キリスト教文明のほうが人類を

より幸福にする」と考えているから、そうなっているのである。今、イスラム教に改宗しても、幸福になることは少ないと考えている。

今、イスラムは、非常に後れた文明になっている。イスラム教は、後れた国にしか広がっていない。かつての共産主義と同じです。今、後れた国にイスラム教は広がっている。貧しくて全体主義的なところに広がっている。

「イスラム教が全世界に広がることが、はたして、善であるのか、正義であるのか」という観点から考えたときに、これが全世界に広がることには、非常に危険なものがある。

そうなれば、全世界的なレベルで、「貧しさの平等」「抑圧《よくあつ》の平等」が実現され、独裁者に翻弄《ほんろう》されやすい体質、体制ができる。選挙で選ばれていないような一部の独裁的指導者によって、人々の人権が抑圧され、あのようなテロを繰《く》り返し起こせる。

先ほど、ムハンマドが、神風特攻隊《とっこうたい》とか、いろいろと言っていましたけれども、自らにその意思があり、自主的に命を捨てる人が、歴史上、世の中にいたことを私は否定するつもりではありません。

しかし、少なくとも、そうした宗教的力を悪用してはならない。「宗教的指導者ならば、人の命をいくらでも奪《うば》える。命令すれば、その手下は命を捨てて突《つ》っ込んでいき、相手の命をたくさん奪う」というようなことに、宗教的指導者のパワーを使ってよいかどうか、もう一度、考えなければならない。神の意思に背いた宗教的指導者というものはありえない。

特に、イスラム教では宗教と政治・軍事が一体化しているので、国民には逃《のが》れようがないところがある。近代西洋の三権分立的な、権力のチェック・アンド・バランスが効いていないことが非常に大きな問題である。この「権力のチェック・アンド・バランスが効いていない」ということは、「一人ひとりの国民の権益が非常に侵《おか》されやすい」ということを意味している。

ましてや、マスコミも大して発達していなくて、そうした体制に反対するようなことが言えるような状態ではない。これは、国民一人ひとりの自由な考えや命を護ることができない体制になっている。

したがって、今、私《わたくし》、ミカエルとしては、「イスラム教を滅《ほろ》ぼす」とまでは言わないけれども、イスラム教が増殖することは許せない。

こういうものが広がっていくと、人類を不幸にするおそれがあります。

今、人口が増えているので、貧しい地域の人々がかなり増大していく状況《じょうきょう》にあります。食料が少なく貧しい人たちが増えているので、イスラム教がそれに乗じて勢力を増やすと、私たちが時間をかけてつくってきた人権思想や、自由と平等、それから、積極的なものの考え方、建設的なものの考え方、繁栄《はんえい》主義的なものの考え方など、こういう、近代においてつくってきた「人類の叡智《えいち》」そのものが根本から破壊《はかい》され、古代返り、中世返りをしていく可能性が極めて高いと考えているわけです。

アメリカは「世界の警察官」としての使命を果たす

だから、ムハンマドがいくら擁護しようとも、私は、「アメリカ国民や他国民を人質に取れば、撃ち落とせないだろう」ということを計算の上で、まったく関係のない乗客数百人を人質にして、ホワイトハウスやワールドトレードセンター、ペンタゴンなど、アメリカの象徴的なところに突っ込ませるような指導者は、断じて許すことはできません！

そんなことは神の心に反しています。

そして、「世界の警察官」としての、アメリカの不動の姿勢は、絶対に曲げません。アメリカは、絶対、世界の警察官としての使命を果たします。

たとえ、中国との貿易が非常に大きくなり、経済的交流が拡大しても、中国が不正をなしたら、断固、戦うのがアメリカです。

アメリカは、中国との間で、いくら膨大《ぼうだい》な貿易利益があがっていて、中国が取引先として巨大《きょだい》であったとしても、例えば、「中国軍が、突如《とつじょ》、アメリカの同盟国である日本に上陸し、日本を占領《せんりょう》した」などということがあったら、アメリカは絶対に許しません！　そういうことは絶対に許さない！　必ず攻撃します。アメリカは、絶対、中国を攻撃します。

また、「台湾《たいわん》は中国の一部である」と中国が主張していることは分かっています。もちろん、両者が、合意の上で、納得の上で、第三者の目で見てもオーケーが出て、台湾が中国に合併《がっぺい》される場合には、やむをえないかもしれないけれども、ある日、突如、中国の大軍が侵攻して台湾を武力で占領し、「台湾人は中国国民として吸収する」というような宣言をすることがあったら、アメリカは絶対に許しません。そういうことは、許すわけにいかないんです。

それは、人類史の流れにおいて、ここ数百年で積み重ねてきた理論や、人類の社会を進歩させ、進化させるシステムそのものの破壊になるからです。

ですから、われわれは、通常レベルでは友情を結ぶことができ、友人同士であったとしても、友人が法を犯し、間違ったことをした場合には、「それは、断固、許さない」ということですね。

法治国家として、「世界のルールを守る」ということに関して厳しくなければ、世界の人々が平和裡《へいわり》に発展していくことはできない。そのように考えております。

ムハンマドの言ったことについては、まあ、イスラム教徒の側から見れば、「当然、そのとおり」と思うであろうし、物事を理論的に考えることが苦手な日本人から見れば、そのとおりのようにも聞こえるかもしれない。

しかし、われわれが、今、この地球という星における理論を主導し、考え方を主導している立場にある以上、不正なるものは断じて許せない。そういう考えを持っています。

悪を蔓延《まんえん》させないためには抑止力《よくしりょく》が必要

あなたは、「敗戦」という言葉を使いましたけれども、そんなことは絶対にございません。イラクには、もう、戦うべき軍隊がないので、軍隊を引き揚《あ》げただけであり、「もう、警察レベルで押《お》さえ、自治をすべき時期が来た」ということです。

われわれは、別に、イラクを植民地化するつもりではなかったので、引き揚げたのです。「イラクに新政府を立ち上げて、民主的投票をさせ、警察に治安を担当させるべきだ。爆弾《ばくだん》などで脅迫《きょうはく》するような連中は、犯罪者として取り締《し》まるのが筋である。これは、もう、軍隊の出番ではなくなってきている」と判断したわけです。

アフガンにおいても、民衆を敵にするつもりなど、まったくありません。もちろん、誤爆は起きるかもしれませんが、それを言っていたら、敵の論理に振《ふ》り回されます。「被害《ひがい》を受けるのは民間人かもしれないではないか」ということで、軍隊を使わせないようにされるだけのことです。

「では、こちらも、人海戦術で一人ひとりが武器を持ち、山岳《さんがく》地帯にてゲリラと同じ条件下で戦うことがフェアだ」ということで、そのように戦うのであれば、膨大な人的被害が出ることは明らかです。

山岳地帯は向こうの領地なので、そこでは向こうのほうが強いに決まっています。街の人たちが、山に住みついている山賊《さんぞく》と山で戦ったら、負けるに決まっています。膨大な被害が出ます。

われらがやろうとしているのは、「世界的に見て悪と思われるものを蔓延《まんえん》させない」ということです。そのためには抑止力《よくしりょく》が必要です。悪は、きちんとけじめをつけさせておかないと、繰り返し繰り返し起きることであるので、それを許すことはできないのです。

それによって、一部、民間から被害が出たとしても、「それは、大きな正義のために、我慢《がまん》できる範囲《はんい》であるかどうか」という判断基準が働いてきます。

もちろん、被害が大きすぎる場合には、考え直さなければならないところはあるけれども、そうした正義とか理想とかいうものを捨てたら、人類の繁栄や発展は意味がないし、神がつくられた、この地上世界というものの存在の意味もないのです。

十字軍を破ったサラディンのような者こそ〝悪魔《あくま》〟である

ムハンマドは、「オサマ・ビン・ラディンはいい人で、サラディンのようだ」

と言っていましたが、サラディンのような者が悪魔《あくま》なんです。だから、そんな者を許してはならないんです。

キリスト教徒の聖なる十字軍を打ち破った者を英雄《えいゆう》とする考え方は間違っているんです。イスラム教徒は不当にエルサレムを占領しておった。それを解放するための解放軍として、十字軍がエルサレムに入ったのであり、それを撃退したことをもって正義とし、「侵略者から護った」と言うのは、根本的に間違っています。

「ヨーロッパの勢力が他国の何もない所に攻め込んで、奪い取った」というときに、それを追い返したのなら英雄ですが、違うんです。聖地が不当にイスラム教徒に奪われたのです。イスラム教徒にはエルサレムを支配する正当な権利はないんです。

彼らにとってのエルサレムは、「ムハンマドが、たまに旅行で行ったことがある」とかいう程度の聖地なんです。その程度の聖地でしかないのに、そのエルサレムをイスラム教徒が支配し、キリスト教徒が巡礼《じゅんれい》できなくなっていました。当時、「キリスト教徒が巡礼したら、それを捕《つか》まえて殺す」というようなことが横行していたんです。それでは、巡礼の旅ができない。聖地巡礼の旅ができない。

あなたがたで言えば、四国の徳島県に、聖地・四国正心館《しょうしんかん》や御生誕《ごせいたん》の地があるけれども、例えば、そこに他の宗教が根を張っていて、幸福の科学の巡礼者たちが来たら、「巡礼を、断固、阻止《そし》する」「聖地に入ることを許さない」ということで巡礼を妨害《ぼうがい》し、殺すようなことがあれば、あなたがたは、やはり、力を行使してでも、何とかして、その「巡礼ロード」を護ろうとするはずです。

同じことです。われらは、侵略軍として十字軍を送ったわけではないんです。「エルサレムは、キリスト教にとって非常に大事な土地であるので、それを国際的なオープン都市として護る必要がある」という思想の下に、十字軍を送ったのです。

エルサレムがイスラム教のものにされてしまったのでは、巡礼ができなくなる。これは、「キリスト教徒にとっての聖地がなくなる」ということであり、大いなる価値を護るための戦いであったのです。

そうしたことのために起こした十字軍を追い払《はら》うことでもって、英雄と称《しょう》するのは、正義の軍隊をやっつけた盗賊《とうぞく》の頭目《とうもく》を英雄と言うのと同じであって、これは〝向こう側〟の論理です。

イスラム教の考え方では、この世的に成功も発展もしない

彼らには、徹底《てってい》して、高い次元の理想というものがないんです。このへんについては啓蒙《けいもう》する必要があります。

啓蒙の手段としては、「今のイスラム教の考え方では、要するに、この世的に、

成功もしないし、発展もしない」ということをきちんと教えることです。彼らの考えの間違いをただす必要があるんです。

これはワールドトレードセンターの被害の問題だけではないんです。そこで死んだ三千人だけの問題ではありません。イスラム教に支配されている人々は十億人ぐらいいるとは思うけれども、その民たちへの人権抑圧はすごいんです。

ムハンマドの霊言でも話が出ていましたけれど、例えば、イスラム教国の王女がヨーロッパに留学し、恋愛《れんあい》をして〝彼〟ができたら、それはイスラム法に照らして正しいことではないので、その王女は、石打ちの刑《けい》で殺されるのです。

あるいは、泥棒《どろぼう》をした人の右の手を切り落とし、二回目なら、今度は左足を切り落とすとか、こんな、手足を順番に切り落としていくなどということが横行しているんです。

これがイスラム法です。こんな法は廃止《はいし》しなければなりません。直さなければ、人類の不幸になります。

そういう意味においては、「今、イスラム教国が弱る」ということは、とても大事なことであり、キリスト教国が敗退するようなことがあってはなりません。

アメリカは、今、軍事予算の削減《さくげん》その他で、オバマ大統領の下、一部に消極的姿勢が見られますけれども、アメリカはアメリカです。必ずリバウンドして、「世界の正義」の実現のために戦います。

だから、あなたがた日本人はアメリカを頼《たよ》りにしてください。アメリカは、北《きた》朝鮮《ちょうせん》であろうが、中国であろうが、もし日本を侵略する意図があったら徹底的に戦います。経済的損失を被《こうむ》っても戦います。それが正義です。それが神の心です。

私は譲《ゆず》りません。

［注１］『大川隆法霊言全集　別巻１　ミカエルの霊言①』『大川隆法霊言全集　別巻２　ミカエルの霊言②』『大川隆法霊言全集　別巻４　ミカエルの霊言③』（いずれも宗教法人幸福の科学刊）として刊行されている。

2 オバマ大統領を、どう見ているか

B――　ありがとうございます。

ブッシュ政権のときには、ブッシュ大統領をかなり指導されていたと思うのですが、オバマ大統領については、どのようにご覧になっているのでしょうか。

また、現在、他の方を指導されているのでしたら、教えていただければと思います。

オバマもアメリカ大統領の使命から逃《のが》れられない

ミカエル　オバマは、魂《たましい》的には、純粋《じゅんすい》なWASP《ワスプ》（ホワイト・アングロサクソ

ン・プロテスタント）ではありません。黒人大統領であるため、黒人など差別被《ひ》害《がい》を受けた者の代弁者としての立場も持っているし、魂的には、確かに、少数民族や滅《ほろ》びた民族の指導者だった経験もあるために、今までのアメリカの大統領と比べて、かなり毛並みの変わった大統領であることは事実です。

しかし、彼が、役職上、アメリカのプレジデントとしてテイク・オフィスする（就任する）以上、その使命から逃れることはできないのです。

その使命から彼が逸脱《いつだつ》し、個人的な主義主張や感傷、気持ちによって、職務を遂《すい》行《こう》した場合には、彼は、解任されるか、暗殺されるか、どちらかになるはずです。

彼の周りにいる、アメリカ合衆国そのものを支えている人たちの多くは、基本的に私の考えと同じですので、大統領といえども、自由にはなりません。

例えば、個人的に核《かく》兵器が嫌《きら》いで、「核のボタンを押《お》すことはない」と、いくら個人的に思っていても、アメリカの大統領として押さねばならないときが来たら、何が何でも押さないかぎり、大統領を辞めなければならないんです。そういう立場に立てば、押さなければいけない。押せないなら、辞めなければいけない。例えば、死刑《しけい》制度がある所で、まだ法律的に死刑制度が廃止《はいし》されていないときに、裁判所によって死刑判決が出たとする。

そのときに、「法務大臣の立場にある人が、心情的に、死刑廃止論者か、死刑賛成論者か」ということはあると思う。

しかし、個人的な見解がどうであっても、法律的に死刑制度というものが維持《いじ》され、国会で変えられていない状況下《じょうきょうか》において、最高裁まで行っても死刑という判決が確定したら、執行《しっこう》しなければいけない。

誰《だれ》が法務大臣になっても同じです。坊《ぼう》さんがなろうが、牧師がなろうが、法務大臣という職を引き受けた以上は必ずサインしなければいけない。それを拒否《きょひ》するなら、辞めるべきなんです。そうしなければいけない。それが論理的思考なんです。

オバマは、アメリカの大統領としては、かなり異端《いたん》です。「左」に寄っています。

しかし、それではいけないことに、最近、彼は気づき始めています。それで、台湾《たいわん》防衛のため、台湾に武器を売ると言い始めております。

アメリカは日本の総理大臣を簡単に辞めさせられる

また、日本でも左翼《さよく》勢力が強くなり、日本から米軍を撤退《てったい》させるために、地方レベルで、米軍基地を追い出すような動きが起きていますので、オバマもカリカリ怒《おこ》り始めています。

超大国《ちょうたいこく》アメリカをナメたら許しません。「沖縄《おきなわ》県民の意思だ」「沖縄の市民や、その町の住民の投票で決めたことだ」などということが通ると思っているほど甘いなら、それは、もう、本当に後れた人々です。

そんなことを言っているのであれば、沖縄を、もう一回、占領《せんりょう》します。当然です。当たり前です。そんな小さな論理に負けるような国ではないんです。われらが、今、地球を率いているのですから、そういうことでフラフラするような日本の総理大臣なら、辞めさせます。われらが圧力をかけても辞めさせます。

日本の総理大臣を辞めさせるのは、そんなに難しいことではありません。簡単に辞めさせられます。アメリカのほうから「辞めろ」と言ってきたら、辞めますから。ええ。アメリカが「辞めろ」と言ったら、日本で総理大臣を務めることはできません。

今、アメリカとの経済交流や軍事交流なくして、日本などという国は存在できないんです。だから、アメリカの大統領が、「日本の総理を辞めさせる」と決断したら、日本の総理は絶対に辞めます。もたないんです。アメリカと戦って勝つ自信がなければ、絶対に辞めます。

アメリカという国をナメているようですが、もうそろそろ我慢《がまん》の限界です。今年、爆発《ばくはつ》します。もう許さないと思います。

アメリカの民主党と日本の民主党は違《ちが》うんです。徹底的《てっていてき》に違うんです。アメリカの民主党は、それでも世界のリーダーなんです。そして、アメリカの国益を考えるんです。

日本の民主党は、日本を売り飛ばす民主党です。全然違うんです。アメリカの「民主」というのは、「アメリカ国民の利益を代弁する」ということです。日本の民主党の「民主」というのは、日本の国民の利益よりも、国を売り飛ばすことを優先する「民主」です。だから、違うんです。

そういうことが言いたいのですが、あなた、そういうことを訊《き》いたんですか。

違いましたか。

B――　答えていただいております。ありがとうございます。

ミカエル　そうですか。答えになっていますか。

だから、沖縄県民の意思だとか、沖縄の何とか……、私、名前を知らないけれども、何とか市だとか、何とか町《ちょう》だとかの、市長や町長の選挙で、どちらの側が勝ったとか、よく知りませんけれども、もう、どちらが勝とうと、アメリカはアメリカの意思を通します。言うことをきかなかったら、北朝鮮《きたちょうせん》ではないけれども、〝しょっぴいて〟いきます。それは辞めさせます。

日本の国益を害するような、そんな地方自治体の長なんて、許すことはできません。町長や市長や知事ぐらいのレベルの人が、日本の国を滅ぼすような判断をしていいんですか。それをしていいのは日本のトップでしょう。そんなことは、尾《お》っぽが頭を振《ふ》り回しているのと同じです。それが分からないのは、日本人に論理性が足りないからです。この〝頭〟を変えなければ駄目《だめ》です。

B――　ありがとうございます。弊誌《へいし》でも、そのような言論を展開していきます。

ミカエル　ああ、そうですか。それは「ザ・リバティ」？　ああ、横文字の雑誌は素晴らしい（会場笑）。

B――　ありがとうございます。

ミカエル　ぜひ英語でも発刊したほうがいい。

B――　ありがとうございます。

私からの質問は以上でございます。ありがとうございました。

ミカエル　はい。

3　九次元大霊《たいれい》との関係

D――　本日は、このような尊い機会を賜《たまわ》りまして、まことにありがとうございます。私からは、霊的《れいてき》な背景、宗教的な観点から質問をさせていただきたいと存じます。

ミカエル様とムハンマド様の対立関係についてですが、ミカエル様、ムハンマド様は、共に、八次元如来界《にょらいかい》の上段階という、高い……。

ミカエル　私のほうが、ちょっと偉《えら》いんです（笑）［注2］。

D――　はい、承知しております。

ミカエル　八次元でも、ちょっとだけ上で、偉いんです。

D――　はい。そのように教えていただいておりますが、ミカエル様、ムハンマド様は、さらに上位におられる九次元大霊《たいれい》のご指導を、それぞれ、どのようなかたちで受けておられるのでしょうか。

また、その九次元大霊のお考えというものは、いったい、どのようなご見解であるのか、そのあたりを教えていただければと思います。

私たちのレベルが「実務の長」である

ミカエル　九次元大霊は、基本的に実務をやっていないんです。彼らは、もう、ほとんど情念を発しているだけであって、具体的に、この世を動かしている者としては、私たちのレベルが最高です。

九次元大霊は、「この世を、具体的に、こうする、ああする」ということをやっていません。それは、大きな会社の社長が、自分では、ものをつくったり売ったりしていないのと同じです。

私たちぐらいのレベルが「実務の長」なんです。今、私たちが、実務の長として、判断し、行動しているんです。

イエスが、「爆弾《ばくだん》を落とせ」とか、そのようなことを判断したりはしないんです。仏陀《ぶっだ》が、そういうことを言うこともありません。私たちが最高レベルの指揮官です。

ですから、軍隊で言えば、参謀《さんぼう》総長とか、軍司令官とか、連合艦隊《かんたい》の司令長官とかに当たるのが私たちの立場であって、九次元大霊は、その上の、大統領だとか、国王だとか、天皇だとか、そのようなものに当たるわけです。

日本でも、先の戦争においては、昭和天皇は反対なのに、下で決めたら戦争が起きてしまいましたね。九次元大霊の立場は、そのような感じです。

九次元大霊としては、「それは、どうかな?」と言うようなことはありますけれども、具体的にやってみなければ分からないことは、この世では、たくさんありますので、そういうものについては、私たちのレベルで判断し、文明実験をやらせていただいております。

私たちより上位の世界にいる、最高レベルの神の判断に誤りがあってはならないので、われわれレベルで最高責任を取ってやっております。

この地上で文明実験をやってみて、人類をより幸福にしたり、より不幸にしたりする結果が出てくるわけですけれども、その結果に合わせて、われわれの霊格が上がったり下がったりし始めます。それで、「上がったほうが上司になる」という関係になるわけですね。

そういうことで、九次元大霊そのものは、あまり明確に具体的な指示をしたりはしないわけです。

例えば、キリスト教系であれば、イエスは、オバマ大統領の考え方を、心情的には理解しているとは思いますけれども、イエス自身が、具体的に、「ここところを戦争させる」とか、「させない」とか、そういうことについての判断はしていないわけです。

九次元大霊は、大きな目で見て、方向性を示す

もちろん、七大天使のなかにも、私と見解の違《ちが》う者はいますし、われわれと同格の者は、ほかの国にも確かにいて、彼らと意見が違うことはあります。しかし、「われわれの文明実験の結果がどうなるか」ということは、実際にやってみなけ

ればわからないんですよ。

あなたがたで言えば、まあ……、私、日本のことは、よく知らないので……、三越《みつこし》がいいか、伊勢丹《いせたん》がいいか、丸井《まるい》がいいか、お客様は、それぞれ、違うところに行くんでしょう？　その結果、損益が出るんでしょう？　それぞれのところが、「いい」と思ってやっているけれども、結果は出てくる。

その結果が出るのが、われわれで言えば、どのくらいかというと、われわれの場合は、少なくとも数百年から千年ぐらいの歴史を見ないと、その勝敗は出ないんです。

この世のことの多くは、ほんの一年や数年で結果が出ますけれども、われわれの宗教のレベル、八次元レベルでの成功・失敗の判断は、大きく言えば、だいたい千年ぐらいは見ないと分からないので、その間《あいだ》は、いろいろと切磋琢磨《せっさたくま》しているわけです。

仏陀もイエスも、例えば、「アフガンを攻撃《こうげき》せよ」とか、そのような明確なことを言うわけでもなく、「撤兵《てっぺい》せよ」と言うわけでもないのですね。だから、実務権限は、私たちが持っております。彼らは、大きな目で見て、方向性を示す場合もあれば、何も言わずに、ある程度、じーっと見ている場合もあります。

そういうことであって、九次元大霊の立場は、まあ、天皇陛下や国王、エリザベス女王などと同じようなものと見てくださって結構です。

ムハンマドを指導している九次元大霊とは

D――　はい、ありがとうございます。

以前、ミカエル様が、イエス様からの指導を受けておられるという話を、お教えいただいたことがあります。これは、ムハンマド様にお伺《うかが》いしなければいけない質問かもしれませんが、ムハンマド様は、九次元大霊のどなたの指導を受けておられるのでしょうか。

ミカエル　ムハンマドは……、そうですね、まあ、イスラム教が、あれだけの数にまで広がったということが、ちょっと不思議なんですけれども、九次元大霊としては、おそらく、幸福の科学のほうで、これまで霊言集で出てきていない人だと思いますね。そうした方が付いていますね、たぶん。

ですから、そういう九次元大霊を呼んでみたらいいんですよ。〝犯人〟が出てきますから。おそらく、あのあたりですよ、中東ですから。ゾロアスターとか、まあ、あのへんではないですか。きっと、あのあたりの人たちだと思います。

幸福の科学の指導霊としては出ていないでしょう？　出ていないのが怪《あや》しいと見てください。だから、「何か、違う所でやっている」ということですね。「彼らは、別の所で、別の地域で、今、活躍している」ということでしょうね。

「そちらに張り付いている」ということですよ。「日本に来ていない」ということです。たぶん、そのあたりだと思いますね。ゾロアスターとかマニとかいう人たちが、おそらく背景には付いているだろうと推定します［注3］。

でも、ほかの九次元大霊と同じで、たぶん、具体的なところまでやっているわけではなく、一種の色彩《しきさい》をつくっているものだと思われます。具体的なことは、やはり、ムハンマドやハンムラビのレベルでやっていると思われます［注4］。

［注2］ミカエルは八次元如来界の最上段階である太陽界に、ムハンマドは太陽界のひとつ下の光神霊界《こうしんれいかい》にいる。『太陽の法』第4章参照。

［注3］ゾロアスターは、古代のイラン地方にて、「善悪二元」を説くゾロアスター教を開いたあと、同じくイラン地方にマニとして転生し（三世紀）、マニ教の開祖となった。九次元存在。『太陽の法』第1章参照。

［注4］ハンムラビは、紀元前十八世紀頃《ころ》の人で、古代メソポタミア地方のバビロン第一王朝（古バビロニア王国）の王である。「目には目を、歯には歯を」の復讐法《ふくしゅうほう》を定めたものとして有名な「ハンムラビ法典」の発布者。その後、転生し、イスラム教の開祖ムハンマドとなった。『「宇宙の法」入門』（大川隆法著、幸福の科学出版刊）第1章参照。

4 イスラム教とキリスト教の対立の淵源《えんげん》

D―― 先ほど、現在の「イスラム教とキリスト教の対立」の根源として、十字軍の話題も出ておりましたが、対立のそもそもの根本原因といいましょうか、歴史的な淵源《えんげん》について、差し障りのない範囲《はんい》内でお教えいただければと思います。

複数の宗教が競争し、切磋琢磨《せっさたくま》している

ミカエル まあ、この世の会社でも競争はするでしょう? 新聞社だって競争するでしょう? 朝日新聞と産経新聞、読売新聞も違《ちが》うでしょう? テレビ局だって競争するではないですか。テレビ朝日とフジテレビは競争するでしょう? 日

本テレビとも違うでしょう？　デパートも、先ほど言ったように違うでしょう？

宗教団体だって違いがある。

自動車会社にもいろいろあり、トヨタ一社ではなくて、日産もあれば、ほかのものもあるでしょう？　アメリカにだって、自動車会社で大きいのが三つあるでしょう？

やはり、違いがあったほうが切磋琢磨《せっさたくま》するし、結局において、そのほうが多くの人にとって利益があると思われているから、厳しいけれども、宗教も競争しているんです。

ですから、「どういう文明実験をやったら、人類が幸福になるか。あるいは不幸になるか」ということについては、実際にやってみないと分からないところがあるのです。だから、やはり、複数種類があるんですね。「いつも競争はしている」ということだと思うんです。

例えば、幸福の科学が全世界を覆《おお》って、世界七十億人を信者にしたとしても、今、言ったように、キリスト教系や仏教系やイスラム教系など、いろいろありますから、そのなかで、やはり、内輪での競争はあると思います。それは、どうしてもあると思いますね。

ただ、複数種類があることは、何かのときに調整を付けたりするような力にはなるだろうとは思います。「数が増えたら、ある程度、グループを分けなければ、細かいところまで手が届かない」ということです。

その意味では、例えば、今、私も、アメリカ、イスラエルのほうを応援《おうえん》していますけれども、中東だとかアジアだとかは、十分にきめ細かく指導できているとは言えないですね。

信仰《しんこう》がある所は指導しやすいが、信仰を持っていない人たちに指導するのは厳しいものがあります。キリスト教系でも、人によっては指導地域を変えている場合があって、任されている所は、その人の個性というか、裁量で、ある程度、決められている面はあります。

二つの世界宗教が同時代に共存することは難しい

「対立の淵源は、どこにあるか」といえば、イスラム教という宗教をつくったこと自体が対立の原因です。つくらなければ、対立は別に起きてはいないのです。キリスト教が発生したにもかかわらず、そのわずか六百年後にイスラム教をつくった。

普通《ふつう》、世界宗教は、二千年、三千年の寿命《じゅみょう》を持っているものですけれども、イスラム教が、わずか六百年の周期で生まれた。

実を言うと、イスラム教のもう一つ前にマニ教というものもあって、これも世界宗教だったけれども、滅《ほろ》ぼされてしまいました。このように、九次元大霊《たいれい》が起こした宗教でも滅びてしまうものがある。

だから、二つの世界宗教が同時代に共存することは、かなり難しいことではあるんです。それは、地上の人間にとって、二つの宗教に帰依《きえ》するのは難しいので、その二つが互《たが》いに対立し、強いほうが相手を滅ぼしてしまうことがあるからです。

ところが、わずか六百年の間で、そういう世界的な宗教が生まれ、しかも、それが中東の地にあってヨーロッパと隣接《りんせつ》しているために、衝突《しょうとつ》が起きやすくなったのです。

キリスト教があるのに、なぜイスラム教がつくられたのか

なぜ、神は、キリスト教がありながら、イスラム教をおつくりになったのか、私には分かります。

キリスト教は、イエスの死後、三百年ぐらい迫害《はくがい》を受けました。「三百年も迫

害を受けた理由は何か」ということだけれども、やはり、この世においてイエスが十字架《じゅうじか》に架かって殺されてしまい、先ほど、ムハンマドが言ったように、メシアとしての評価が確立しなかったことが原因だと思います。

だから、そのあと、弟子たちが続々と殉教《じゅんきょう》していった。

しかし、イエスは、もともと、そういうふうにしたかったわけではなかっただろうと思います。できれば、ユダヤの人たちに回心してもらい、キリスト教を信じてほしかっただろうし、そうであれば、古代ユダヤ教はキリスト教に吸収されていたと思います。

確かに、「いまだに古代ユダヤ教が遺っている」ということは、キリスト教には、この世的に失敗した面があったからだと思います。そういう状況《じょうきょう》を見て、「もう一段、この世においても勝利する宗教をつくりたい」という理由で、たぶん、イスラム教ができたのだと思います。

それについては、ムハンマドは確かに成功した。戦争においても勝った。その意味で、軍神として見たときには、イエスより優秀《ゆうしゅう》な結果は出したかもしれない。しかし、宗教指導者でありながら、「同時に戦争をする」ということによって、多くの人を殺したわけです。現実には、同胞《どうほう》、同国人を大勢殺し、流血を見たので、その部分だけ霊格が下がったわけです。彼自身のオリジナルの霊格よりも実際は下がったんです。イスラム教は、世界宗教になったのに、ムハンマドの霊格自体は下がったと私は思います。

それは、「それだけの流血を見た。戦争を数多くしなければいけなかった」ということが原因です。そして、その後の歴史のなかでも、やはり、血を流した歴史がものすごく多かった。イスラム教のなかでは流血がものすごく多かった。これが問題としてあります。

イスラム教の盛り上がりによって、キリスト教が改革された

その意味で、完全無欠な宗教というものはないのですが、別なものを持ってくることによって、改革が起きることもあります。

イスラム教というものが起きたことによって、中世イスラムが盛り上がりましたけれども、これによって、実は、次にキリスト教のほうの改革が起きたんです。

イスラム教なくば、キリスト教の改革もなかっただろうと思う。そういう強力なものが出てきて広がり始めたので、「キリスト教は、このままでは、もう滅《ほろ》びてしまう」と感じられ、改革をする気運が出てきて、新教というものが出てきた。

それが、ルター、カルバンらの宗教です。まあ、ルターというのは私の魂《たましい》の分身で、いわば私自身ですけれども。

こうして、キリスト教のほうの再興運動が起きてきました。敵が出てくるこ

とによって、自分たちをイノベーションすることができるようになったのです。「ヨーロッパをイスラム教から護るために、キリスト教のリバイバル運動が起きた」ということです。

その後の流れを見ると、今度は、中世にいったん興隆《こうりゅう》していたイスラム教国のほうが没落《ぼつらく》して、ヨーロッパのほうが発展しました。それは、「キリスト教のほうが力を取り戻《もど》した」ということです。

これは、「イスラム教とキリスト教が切磋琢磨《せっさたくま》している」ということですね。

イスラム教では「イノベーション」が起きていない

現時点で見るかぎり、「イスラム圏《けん》は、活発に動こうとしてはいるけれども、石油の力に頼《たよ》っている国がほとんどであり、それを取り除けば、あとは大して人類に貢献《こうけん》していない」というのが私の見解です。「古いものを捨てる」という意味でのイノベーションができておらず、古い時代の宗教が変わっていないところが、そうとうありますね。

イエスは三年ぐらいしか伝道できなかったので、説いた教えも少ないし、自分で制定した戒律《かいりつ》のようなものもあまりないため、キリスト教においては、自由に解釈《かいしゃく》する余地がありました。そのため、その後の歴史のなかで、いろいろな人が智慧《ちえ》を加え、キリスト教自体を発展・繁栄《はんえい》させる幅《はば》を増幅《ぞうふく》させることができたのです。

ところが、イスラム教の場合は、ムハンマド自体が、戦いに勝ち、結局、国の元帥《げんすい》と宗教指導者を兼《か》ねたようなかたちになったわけです。これは、〝力が強くて戦争に勝ったダライ・ラマ〟のようなものでしょうか。

そういうものになって、ある意味での完成を見たがゆえに、その後、イスラム法を変えることが非常に難しくなりました。そして、それが現実には古びているわけです。

あなたがたで言えば、「聖徳太子の十七条《じゅうしち》憲法」の時代の教えですよ。日本にも、「大宝律令《たいほうりつりょう》」だとか、いろいろな法律があったんでしょう？　飛鳥《あすか》、白鳳《はくほう》、奈良《なら》、まあ、平安《へいあん》もあってもいいのですが、そんな時代につくられた法律が数多くありますけれども、それが今でも生きていたら、あなたがたは大変でしょう。

しかし、あなたがたの国では、戦争という革命が起きて幕府が替《か》わったり、時代が変わったりしてきました。そして、「次の時代が来ると、前の時代のものが全部なくなって、新しいものができる」というイノベーションをしてきたんでしょう？

そういうことがイスラム教では起きていないんです。イスラムのなかで分派の発生や抗争《こうそう》はあったけれども、イノベーションが起きていないために、古びたものが現代人を非常に圧迫《あっぱく》し、苦しめているところがあるんです。

私は、イスラムには、何としても反省してもらわなければいけないと思っている。そうしなければイノベーションが起きないんです。

ですから、フランスまで行って、「スカーフを着《つ》けないと絶対に学校へ行かない」とか言い張っているなどというのは、これは、もう頑固者《がんこもの》そのものであって、こういう者に対しては、ちょっと一喝《いっかつ》しなくてはいけないところがあると思う。「郷に入《い》れば郷に従え」ですね。ええ。「ローマに入《はい》ったらローマに従え」です。フランスに行ったら、フランス人のやり方で生きるのが本当で、神の教えとは関係ない。心の教えは別ですからね。そういう外見の部分を押《お》し通すところが嫌《きら》われているわけです。

ジャンボジェット機の操縦士が、イスラム教の礼拝の時間が来たからといって、運転中に、カーペットの上でメッカの方向に向かってひざまずき、お祈《いの》りを始めるなんて、もう、あきれ果てて、ものが言えませんよ。こんなことには、「いいかげんにしなさい」と言わなくてはいけない。

それは宗教的習俗《しゅうぞく》だろうから、寺院でやる分には結構です。暇《ひま》なときに、仕事が休みの日に、寺院でやったらよろしいことであって、「それを運転中にするな」というのが、私たちの立場です。「それは近代人ではない。近代的、合理的でないところは捨てなさい。変えるべきだ」ということで、今、思想戦をやっているところなんです。

だから、向こうが圧勝するなどということは、あなたがたが不幸になることを意味しているんですよ。だから、応援《おうえん》しては駄目《だめ》です。絶対、駄目です。

D――　ありがとうございました。それでは質問者を替わらせていただきます。

ミカエル　ああ、そう。

5　キリスト教文明と人権の関係

E――　よろしくお願いします。

まず、一点目ですが、先ほど、「人権や自由などの近代の成果は、われわれが主導してつくってきた」というお話がございました。その点に関し、「誰《だれ》にとっての人権か」ということについて、お尋《たず》ねしたいと思います。

幸福の科学の教えによれば、キリスト教の愛の教えが世界中に広がるときに、いわゆる古代ユダヤの教えも一緒《いっしょ》になって広がったとされています。その結果、アフリカなどの植民地化や奴隷制《どれいせい》、南米でのさまざまな殺戮《さつりく》などが、この五百年ほどの間に起きてきました。

私は、この部分に関して、ある種の不満といいますか、「正当ではないのではないか」という考え方もあるように思います。ユニバーサル（普遍的《ふへんてき》）に、あまねく広がる人権というものを考えたときに、「はたして、ミカエル様のご指導が、普遍性のある人権などを広めたのかどうか」という点に関して、ご意見をお聞かせいただければと思います。

人間を「生けにえ」にするような文明は滅《ほろ》ぼさねばならない

ミカエル うん。そのとおりだよ。

だからね、「マヤやアステカなどを滅《ほろ》ぼしたのは非常な人権侵害《しんがい》ではないか」と、あなたは言っているのだろうけど、まあ、地元の人の意見なら、そうだろうとは思う。

ただ、われわれから見れば、あんな、「生けにえ」を、毎年、祭壇《さいだん》の上に捧《ささ》げるなんて異常です。人間ですよ。「手足を縛《しば》り付けた人間を、生けにえとして祭壇の上に捧げ、生きたままナイフで心臓をくり抜《ぬ》いて、神に捧げる」という儀式《ぎしき》をやっていました。

こんなものを見て、われわれは、許すことはできないんです。「こんな宗教は滅ぼさなければいけない」と、われわれは考えるんです。「こんな神は邪神《じゃしん》である。だから、こういう文明は滅ぼさなければいけない」と、われわれは考えるんです。

アフリカや、それから、かつてのボルネオとかもそうでしょうけれども、こういう所は、「人間が人間を食べる」という人食い人種がたくさんいた地域です。

これについては、「人間が人間を食べても、生き残った人の人権があるから、それを護るべきだ」という考えもあるとは思います。

でも、先ほどから私が言っているように、理性的にロジカルな考え方をしなければいけないと思うんです。人間が人間を食べる文化というのは、やはり、それは動物の世界であって、人間の世界であるべきではないと私は思うんです。

例えば、豚《ぶた》だとか牛だとか、魂《たましい》のレベルが、その程度の進化度のものであれば、人間に食べられ、人間の栄養分となって生きることもまた、彼らの仕事の一部であるので、まあ、やむをえないと思う。

しかし、「高度な思考力や感情を備えた魂を持ち、神の似姿として創られた人間が、相手を食べるような文明」というものは、やはり、われわれは許すことができないんです。

だから、西洋人がアフリカに行ったとき、そうした人食い人種がたくさんいて、残酷《ざんこく》な儀式がたくさんあるのを見て、「これを徹底的《てっていてき》に変えなければいけない」と感じたわけですね。

南米にも、そういう所、そういう地帯は多くありました。

人類の進化にはキリスト教文明のほうが向いている

われわれは文明化を進めているのであって、人権弾圧《だんあつ》をしているつもりではないんです。人間に人間らしくなっていただきたいんです。

われわれは、人間というものを、基本的には、『旧約聖書』にあるように、「神が息を吹《ふ》き込《こ》んで創ったもの」と考えています。「神が息を吹き込んで創ったもの」ということは、「人間に宿っている魂は、神の分《わ》け御魂《みたま》、分身である」ということなのです。

そうであるならば、神の子としてふさわしい生き方をしなければいけないし、そういう文明を持たなければいけない。

だから、動物的な文明・文化、あるいは、人間として非常に残忍《ざんにん》な生き方をしていることを永遠に肯定《こうてい》するわけにはいかず、やはり、「きちんと文明社会に入っていただくことをもって、人類の進化と見なす」というように考えています。

その過程で、例えば、あなたは、「殺人犯にだって人権があるではないか」と言うかもしれない。

そういう、「相手の人権を否定した人の人権をも擁護《ようご》する」という考え方もありますけど、私たちは、基本的に、「人をたくさん殺している人の人権を護る」ということはしません。

まあ、裁判の結果が出るまでは、多少の人間らしい扱《あつか》いはあってもいいとは思います。

しかし、人をたくさん殺した人の人権を声高《こわだか》に唱えて護るような文明・文化は許しがたいんです。それは間違《まちが》っている。基本的に間違っているんです。やはり、人を殺すほうが基本的には間違っているのであり、そういう社会は望ましい社会ではないと考えるわけです。

殺人犯は、やはり、きちんと死刑《しけい》になってもらわないと困ります。絞首刑《こうしゅけい》になるなり、電気椅子《いす》に座るなりしてもらい、殺人を抑止《よくし》しなければいけないんです。

私は、「非人間的な行為《こうい》をする文明・文化の促進《そくしん》を止《と》めることが、本当の文明化である」と思っている。

だから、あなたがたは、「ほかの文明を滅ぼしたことは、どうなのか」と言って、ずいぶん、植民地主義に対する反対意見を言っていましたけれども、「現状が、どうであったのか」ということも、やはり、見なければいけないと思うんです。

われわれには、「彼らを導きたい」という気持ちがありました。そして、帝国《ていこく》主義がキリスト教と一体になって、植民地化をやりました。

それに対して、抵抗《ていこう》してくるものもありますので、戦争も起きましたけれども、基本的には、「彼らに、人間らしい生き方、神の子としての生き方を教えたかった」というのが事実です。

それがうまくいかなかったために、血なまぐさいことが起きたこともあり、それについては反省すべき面もあります。

しかし、「アフリカが今のままでいい」なんて、私は思っていないんです。貧しいアフリカにイスラム教が広がったから、それでアフリカが進化・発展しているかといえば、そうは見えない。

やはり、「今のキリスト教文明のほうが、アフリカの人たちを文明化するには向いている」というように基本的には考えているわけです。

まあ、そういうことなんです。

6 宇宙の視点で見た「地球の文明」

E――　二点目の質問をさせていただきます。

最近、地球上における、さまざまな民族や宗教の対立の背景には、宇宙人の問題があると教えていただいております。

先ほど、「オバマ大統領はWASP《ワスプ》ではない」というお話がありました。そのWASPの四文字のうちの、二番目の「A」と三番目の「S」が意味するアングロサクソンに関してお伺《うかが》いします。

『「宇宙の法」入門』（大川隆法著、幸福の科学出版刊）のなかでは、ある霊人《れいじん》によって、「アングロサクソンに対しては、いわゆるレプタリアン系統の指導がなされており、それが、ヴィクトリア朝時代などには、大英帝国《ていこく》によるアフリカ等の植民地化など、いろいろな部分に影響《えいきょう》を与《あた》えていた」ということが語られています。

先ほどのお話では、ＷＡＳＰというものは、オバマの周りを囲っている、アメリカの中核《ちゅうかく》の方々であると思うのですが、今のアメリカの方針等に関して、宇宙からの視点で、何かコメントをいただければと思います。

「レプタリアン」にも種類がいろいろある

ミカエル　まあ、「レプタリアン」という言葉をあなたは使われました。それは爬《は》虫類型《ちゅうるいがた》宇宙人のことですけど、レプタリアンにも種類がいろいろあるんです。一種類ではありません。

ヨーロッパにもアメリカにも中国にもレプタリアンが出ていると聞くと、何か、

「同じ種族同士で戦っているのか」と思うかもしれませんが、レプタリアンにも種類がいろいろあるんです。来ている星が違《ちが》う場合と、進化度が違う場合とがあります。

それから、レプタリアンと言われる種族のなかにも、外見上、人間とほとんど同じようなものもおります。

あなたがたには分からないだろうけれども、その進化度の差はそうとうあって、何千年も進んでいるものもあれば、千年ぐらい、五百年ぐらい進んでいるものもあります。まあ、ただ、地球まで来ている以上、最低でも百年以上は進んでいるものが多いんですがね。

地球が宇宙人によって滅《ほろ》ぼされない理由

しかし、レプタリアンは、科学技術的にはトータルで進んではいるのだけれども、人間性とか、心のあり方や文化・教養などについては、でこぼこがかなりあって、それぞれの特徴《とくちょう》はあるんです。

地球が地球として滅《ほろ》びずに、まだ残っている理由は、「地球にも優れたものがある」ということを、みなが認めているからです。

地球人は、宇宙技術的なところでは、地球に来ている宇宙人より劣《おと》っているのは明らかなのですが、他のところで優れているものがある。どちらかといえば、それは理科系ではなくて文科系のほうです。人文系のもののなかで、地球には優れたものがある。

だから、地球の技術を遙《はる》かに超《こ》えた技術で宇宙をワープし、地球に飛んできたり、家のなかで寝《ね》ている人を、牽引《けんいん》ビームで家のなかから宇宙船のなかに引きずり込《こ》んだりするような科学技術を持っている宇宙人であっても、情緒的《じょうちょてき》に見れば、まだまだ地球人よりも非常に劣るものも、いることはいるんです。

地球人を滅ぼすことができる科学技術を持っているものが来ているにもかかわらず、地球が滅ぼされていない理由は、「地球の守護神のなかに、優れた守護神がいる」ということです。「彼らがいるために地球を滅ぼすことができないでいる」ということです。

宇宙から来ている人たちに滅ぼされないためにも、私は、今、言ったように、「文明の進化速度を上げる」ということを、ずっと言っています。その速度を上げないと、要するに宇宙からの介入《かいにゅう》を招くようなことがあるのです。

私は「進化を遅《おく》らせているもの」を切り落とす〝外科医〟

退廃《たいはい》した文明や後退した文明を放置しておくと、本当に、今度は、他の国ではなく、他の星から宇宙の植民地として完全に支配されてしまうことがあるので、早く、近代的な地球に生まれ変わり、宇宙時代に入らなければなりません。

われわれは、まだ惑星《わくせい》連合にも入れないでいるレベルなんです。

だから、宇宙の惑星連合に入れるところまで、文明を進化させなければいけない。そこまで進化させるには、まだ、あと百年ぐらいかかると思われるので、この百年、アクセルを非常に強く踏《ふ》まなければいけないのです。

私としては、外科医のつもりで、そうした、地球人類の文明の進化速度を遅《おく》らせているものを切り落としているんです。

「外科医が、内臓を切り開いて、ガンを切除して捨てる」というのは、外から見れば、人を傷付けているように見えるかもしれないけれども、それは、悪い部分を取って、体を回復させようとしているんです。

だから、地球にはびこっている文明・文化のなかで、地球人の進化を妨《さまた》げている部分を取り除く〝外科医〟の仕事は、まあ、私だけがしているわけではありませんけれども、ミカエルの仕事の一つであると考えていただいて結構です。

エル・カンターレの理想に近いのは、どちらの文明か

「レプタリアンがイスラム教とキリスト教の衝突《しょうとつ》の原因か」と言われると、まあ、一部、指導霊のなかに、違う星から来た者がいることもあるので、そのへんは、ゼロであるとは言えないと思います。

しかし、「エル・カンターレの関与《かんよ》の度合いに、どの程度、濃淡《のうたん》があるか」という点で見ると、やはり、キリスト教とイスラム教とでは、一部、違いがあるのかなという感じがします。

はっきり言うと、「エル・カンターレとイエスの関係」と、「エル・カンターレとムハンマドの関係」を見てみれば、「イエスとの関係のほうが遙かに深い」ということは、われわれから見ても明らかです。

これは、エル・カンターレが、イエス型の考え方のほうを好んでいることを意

味しているんです。エル・カンターレは、イエスが発展させているキリスト教文明のほうに、より親近感を感じておられる。そちらのほうがエル・カンターレの理想に、より近いわけです。

キリスト教が完璧《かんぺき》だとは思っていないと思うのですけれども、エル・カンターレの理想に、より近いものだと思っていることは間違いなくて、イスラム教のほうをほめたたえる教えは、あまり出ていないはずなんです。それは、「イスラム教には、問題がかなり多い」ということです。

「石打ちの刑《けい》」に見る、キリスト教とイスラム教の差

イスラム教国は、いまだに「石打ちの刑《けい》」をする国です。

『聖書』を読めば、イエスの時代に、マグダラのマリアが、「罪を犯した」ということで、石打ちの刑にされそうになっています。

古代ユダヤの律法によれば、春をひさぐ女性、売春をする女性は、見つけたら石を投げて殺してよいことになっています。砂漠《さばく》地帯には、そんな残酷《ざんこく》な刑がいくらでもあったのです。

律法学者たちは、それを、イエスを陥《おとしい》れる罠《わな》として使いましたね。「この女は罪を犯したけれども、律法に基づき、石を投げて殺してもいいか」というようなことを、イエスに問うています。

そのとき、イエスは、土の上に字か何かを書き始め、人々に、「あなたがたのうちで、罪を犯したことのない者が、最初に石を投げよ」と言いました。そうすると、一人去り、二人去り、誰《だれ》もいなくなってしまいました。

そして、イエスは、女に、「女よ、おまえを責める人は一人もいなくなった。おまえに石をぶつける人は、いなくなったようだ。私もおまえに石を投げる気はないから、おまえは自由にしてよい。今後は清く正しく生きなさい」というようなことを言って、女を解放したのです。

こういう教えが『聖書』のなかに残っています。それは二千年前の教えです。ところが、イスラム教は、その二千年後の今もまだ、石打ちの刑を行っています。

例えば、王女の身分のある人、国王の娘《むすめ》が、ヨーロッパに留学して、イスラム法の下で婚姻《こんいん》していないにもかかわらず、ある男性と恋人《こいびと》関係になった。欧米《おうべい》の文化に染まると、まあ、男女はすぐセックスをしてしまいますから、それがばれた段階で石打ちの刑です。

「王女が首まで砂のなかに埋《う》められ、多くの人に石をぶつけられて殺される」ということが、現代のイスラム圏《けん》では現実に起きているんです。

これを見たら、二千年は遅れていますよね。イエス・キリストの教えから見れば、二千年は遅れている。

これが人権違反《いはん》だと言っているんです。イエスの言っていることは、人権のことです。

「女が売春をして生業《なりわい》を立てている」というのは悲しいことです。本人だって、本当は、うれしいことではないだろうと思う。しかし、職業が十分になく、生活や生業を立てていかねばならないときに、この職業が世界中からなくなったことはないんですよ。

そういうことを、イエスは悲しみとして十分に知っているはずです。彼女は、それ以外に生きていく道がないので、やっていたのです。だから、慰《なぐさ》めつつ、そして、更生《こうせい》を願いつつ、罪を許して殺させなかった。これがイエスの立場ですね。

それに比べて、イスラム教においては、残念だけれども、「戦争をして勝った」というおごりがあるためかもしれませんが、「基本的には、人の命を粗末《そまつ》にしすぎる気《け》がある」と思います。

宇宙人としての経験を持つ者を、地球人に同化させるには

だから、私は、キリスト教文明のほうが、基本的にはよいのではないかと考えています。まあ、もちろん、「敵に対しては厳しい」という考えもあるんですけれども、基本的には、そのように思います。

「キリスト教文明に、宇宙人の関与が、どの程度あるのか。宇宙人発想の思想が、どの程度、入っているのか」ということは、こういう機会ではないかたちで、また霊査《れいさ》されるべきかと思います。

宇宙人は地球にも来ていますし、人間としても生まれています。今、この地球という一つの星において、さまざまな宗教や民族を経ることによって、地球人に同化しようと努力しているところなんです。

そして、地球人に同化する方法として、宗教というものが大きな力を持ってい

るんですね。宇宙人としての経験や魂《たましい》を持つ者を、地球人に同化させるためには宗教が必要であり、その際、「宗教選択《せんたく》において、どのような宗教が望まれるか」ということが、非常に大事なことなんです。

そういう意味で、私は、ややキリスト教文明に近いほうがよいと思うし、幸福の科学の教えが、キリスト教文明を超えていくようなものを持つならば、ミカエルも、イスラエルやアメリカの守護をしないで、潔く、幸福の科学を全面的にバックアップする神のほうに回る気は、当然、あります。当然、あります。

私は、この世での肉体人間の血筋だけを護るために戦っているわけではありません。宇宙の仲間に入れるレベルまで、早く、この星の文明を引き上げたいんです。

そういう意味で、文明の進化を遅らせているもの、「古代返り」をするようなものについては、今、厳しい態度を取ってでも、文明の進化を急いでいるんです。

まあ、このへんは、あなたがた人間のレベルでは分からないかもしれませんけれども、もし私に対抗《たいこう》するんでしたら、テロなんかやっていないで、イスラム教のなかで改革者を出すべきです。改革者を出して、考え方を変えるべきだと思います。イスラム教のなかに〝ルター〟や〝カルバン〟を出し、内部を改善、改革して、もう少し民主化しなければいけないね。

私の今の仕事は「中国の民主化」と「イスラム教圏の西洋化」

今、私の考えていることは、基本的には、北朝鮮《きたちょうせん》も含《ふく》めてですけれども、「中国の民主化」と、「イスラム教圏の西洋化」です。

この二つが、今、私のやっている基本的な仕事であり、日本神道も対象に入っているかもしれませんけれども、「ザ・リバティ」と、見解は、そう大きくは変わらないわけです。

最近は日本神道の神々とも交流は密ですよ。とっても密にやっております。特に、日米同盟ができてから仲良くなって、交流はしております。以前は互《たが》いに戦いましたけれども、今のところ、考え方は、そう大きくは違っていない。

だから、戦争に負けることによって国が変わることもあるので、負けること自体が必ずしも悪とは言えないところもあるんですね。

日本神道の神々は、「日本神道が世界最高の教えだ」と思っていたようですけれども、負けることによって、日本神道の神々も改心し、アメリカ文明的なものを受け入れましたね。アメリカ、ヨーロッパの文明を受け入れた。明治維新《いしん》で、いったん受け入れたつもりでいたけれども、それでもまだ、「日本のほうが偉《えら》い」というような慢心《まんしん》があったんですよね。しかし、戦争に負けたことで反省をした。

イスラム教においても、サダム・フセインは敗れました。先ほど、「アメリカ軍が敗戦した」と言った方もいるけれども、イラクにアメリカ軍が入ってきて、一国の大統領が捕《つか》まえられたのです。穴ぐらのなかにこもっているところを、ネズミのように引きずり出されて、法廷《ほうてい》で裁かれ、絞首刑《こうしゅけい》になったわけです。

それを見ているのに、「アメリカの敗戦」と言うのは、ちょっとおかしなものの言い方ではあろうと思います。

逆だったら、どうでしょうか。

例えば、アメリカのブッシュ大統領がイスラム教側に追い詰《つ》められ、どこかの穴ぐらに隠《かく》れているところを捕まり、イスラム兵士に引きずり出された。そして、裁判にかけられ、「絞首刑になった」とか、「銃殺《じゅうさつ》された」とかいうようなシーンでも世界に流れてごらんなさい。アメリカ人は、みな、屈辱《くつじょく》で、集団自殺したいぐらいの恥《は》ずかしさを感じると思います。

まあ、そういうことで反省を迫《せま》っているんです。

ああいう独裁者であるサダム・フセインが、「選挙で選ばれて、再任された」

などと言っていました。サダム・フセインへの投票率が九十九・七パーセントとか出ていたと思いますけれども、こんなもの、公正な選挙のはずがありません。銃口を向けられての選挙であることは明らかです。

だから、「イスラム圏と共産主義圏の改革」について、私は陣頭《じんとう》指揮を執《と》っています。私は軍司令官です。そういう、「地上の文明の改革」のための司令官として、悪役をも買って出ています。イエスや仏陀《ぶっだ》に、そんなことをさせるわけにはいかないんです。だから、私たちのレベルでやっています。

やっていることは荒《あら》っぽく見えるかもしれないが、大きな目で見れば、外科手術だと思っていただければよろしいのです。「文明の外科手術をやっている」ということです。

九次元大霊《たいれい》は、文明を一万年や十万年、百万年単位で見ている

宇宙人との関係については、もう一段上の人たちの意見を聴《き》かないと分かりかねるところがあります。

九次元霊界《れいかい》において、九次元大霊《たいれい》たちが、どんな計画を持っているのか、私たちにも、まだ分からないところがあります。

先ほど、「われわれは千年単位で成果を見る」と言いましたけれども、九次元霊界の人たちは、もっと大きなレベルで文明を見ている可能性があるのです。彼らは、一万年とか十万年とか、あるいは百万年単位で見ている傾向《けいこう》があるので、私たちには、にわかには判断しかねるところがあります。

私たちは千年単位ぐらいで物事を考えております。「千年単位で見て、地球人類のプラスになると思うことは、やる」ということですが、九次元大霊たちは、

もう少し視野は大きいように感じられます。

宇宙人については、まあ、適任の方が、ほかにいらっしゃるのではないかと思いますので、そちらのほうに譲《ゆず》りたいと思います。

7 『旧約聖書』の神の真実

E――　『旧約聖書』のなかに、モーセに対して、"I am that I am."（吾《わ》れは在《あ》りて在るものなり）と述べた存在が出てきますが、「これはヤハウェではなくエル・カンターレである」と、私どもは教えていただいております。

この点に関して……。

ヤハウェの正体は複数の神々

ミカエル　ええ、まあ、『旧約聖書』のなかでは、「主たる神の名前は隠《かく》さなければいけない」として隠語《いんご》で綴《つづ》られているので、本当は神が誰《だれ》かは分からないんですよ。

例えば、イスラム教では、「アッラーというのは、神という意味であって、固有名詞ではない」と言われている。日本人は、「アッラー」というのは固有名詞だと思っているんですけれども、実際は固有名詞ではないんですよ。アッラーというのは、大文字で"God"という意味でしかないんです。

それがイスラム教のアッラーですけれども、『旧約聖書』における神も、実は、名前はないんです。神の名を言ってはいけないことになっていて、隠語で、いろいろと表されているんですね。それを、「ヤハウェ」とか「ヤーウェ」とか言ったりする人もいたり、まあ、いろいろな言い方があるんです。

「創世記」には、「神は七日で世界を創られた」という天地創造論が書かれておりますね。

この天地創造の神と、例えば、『旧約聖書』のなかに出てくる神で、アブラハムに、「あなたの子イサクを、燔祭《はんさい》の生けにえとして、薪《たきぎ》の上に乗せて焼きなさい」などと言った神とが同じかどうかということは、普通《ふつう》は疑問でしょう？　そうでしょう？　天地創造の神が、そんな小さなことをするかどうか、疑問に思いませんか。そうでしょう？

そのレベルに介入《かいにゅう》してくるのは、ちょっと違《ちが》うものだと思われますね。霊能者《れいのうしゃ》といっても、必ずしも霊の姿が見えるわけではないのです。要するに、今、あなたがたが、いろいろな指導霊から話を聴《き》いているように、そのときどきのイスラエル固有の指導霊がいて、それらが、「神」として一元化して捉《とら》えられている傾向《けいこう》はある。

イスラム教が、アッラーと言われるものへの一神教と言いつつも、実は複数の高級霊が指導していたように、イスラエルにおけるヤハウェだとかヤーウェだとか、まあ、いろいろ言われているものも、本当は、全部、隠語であって、「神の正体が分からない」ということではあったんですね。

そして、そのなかには、今のあなたがたには分からないだろうけれども、古代イスラエルの神々もいた。

古代イスラエルの神々は何であるかというと、それは、もとは、エジプトやギリシャの神々なんですよ。エジプトやギリシャのほうが衰《おとろ》えてきてから、古代イスラエルのほうに移ってきた者がだいぶいるのです。「エジプトやギリシャの神々で、名を変えて古代イスラエルに現れてきている者がいる」ということですね。しかし、神ということにしないといけないので、そういう名で呼んでいるのです。

だから、「ヤハウェと言われている存在は、実は人格的に一人の神ではない。『旧約聖書』の全部を統一して指導したわけではない」ということですね。これについては言っておかなければいけない。

それぞれの預言者にとって必要な、指導霊に当たる人が神を名乗っていることが数多いので、特定するのは難しいわけです。

ただ、当時の中東において、数千年にわたり、「至高神《しこうしん》」と言われたものは、やはり、今、エル・カンターレと言われている人であることは間違いありません。

これが至高神ですけれども、「そのエル・カンターレが、地上に降りた宗教者《じゃ》なり預言者を直接に指導したかどうか。言葉を述べたかどうか」ということについては、個々に確認できないものがあります。

「妬《ねた》む神」は神としてのスケールが小さい

これ以外に、イスラエルの山《やま》の神的《かみてき》な存在もいて、そのイスラエルの山の神的存在のことを、イスラエルの人たちは、例えば「エホバ」とか呼んでいたことは確かに多いのです。

『旧約聖書』に出てくる神は、「われは妬《ねた》むものなり」「われは妬み罰《ばっ》するものなり」というようなことを言うので、今、キリスト教徒たちは困っています。「妬むものなり」というのもまずいし、「妬む神」というのも困るので、今、「われは情熱の神なり」というように訳を変えたりしているようです。

要するに、妬む神というものが、「自分以外への信仰《しんこう》を妬む」という神であれば、神として少し怪《あや》しいところはありますね。これは、神としてのスケールがちょっと小さいことを意味しているでしょう。それは、まだ、争っている神々のうちの一人ということですね。

日本で言えば、「教派神道」あたりの神のレベルでしょう。例えば、黒住《くろずみ》教だの、金光《こんこう》教だの、天理《てんり》教だの、大本《おおもと》教だのという教派神道の神々ぐらいのレベルの神でしょうね、たぶん。『旧約聖書』のなかには、そういう神の言葉も、一部、入っているわけです。

天上界《てんじょうかい》の秘密の全部を明かすことはできない

「モーセは、どうであるか」ということですけれども、モーセは、いちおう、九次元大霊のなかに入っておりますので、彼が「神を認識した」というときは、基本的に、エル・カンターレを認識したものだと見てよいと思いますが、やはり、複数の指導霊がいたのではないかと推定されます。

まあ、モーセとミカエルも関係がないわけではありません。仕事的には、ちょっと似たところがあります。もしかしたら、あちらも追究されたほうがよろしいかもしれません。

あちらも、荒業《あらわざ》を使っていらっしゃる方ですので、似た仕事をする場合もあります。個人としての考えには、やや違いがありますけれども、仕事的には、似ている点はあります。

天上界《てんじょうかい》の秘密の全部を明かすことはできないんですよ。特定の神で全部を統一しますと、この地上の混乱や間違いも、全部、その神の責任になってしまうことがあるので、われわれには、あまり明らかにできないことがあります。どうしても、この世的には間違いが起きることがあるので、直接、「誰の責任か」というようなことは明らかにしないこともあります。

天上界においては、それなりの判断は起きておりますけれども、「地上の人々に、それを知らしめる必要はない」というか、「〝神々の通信簿《つうしんぼ》〟をお見せする必要はない」と考えております。

そういう〝神々の通信簿〟を地上の人たちが知ることによって得られるメリットよりは、デメリットのほうが、たぶん多いであろうと考えております。それは、基本的に、信仰を奪《うば》うことになっていくであろうと思うからです。

モーセは、生きている間《あいだ》に、エル・カンターレの言葉を聴くチャンスは何度かあったのは事実です。

ただ、その何十年もの間、あるいは百二十年もの生涯《しょうがい》の間で、全部、エル・カンターレが一貫《いっかん》して個別具体的なことを指導したかといえば、そうではないことも事実です。

「あなたが指導していたかもしれない」ということもあるわけですね。ま、これは冗談《じょうだん》ですよ。

E―― はい。どうもありがとうございました。

ミカエル　はい。

大川隆法　では、ミカエル、ありがとうございました。

あとがき

勉強になることの多い本であると思う。世界では大きな二つの論理がぶつかっている。

宗教という面を除いて考えても、国際政治、外交の面で、必読のテキストだと思う。

共にエル・カンターレの教えを反映しつつも、反目している二つの世界宗教を融和させることも、私に課せられた大きな責務であると思う。

この地球を、愛と美と調和の星に変えていくためにも、未来の世界宗教としての幸福の科学を大きく育てていきたいと念ずるものである。

二〇一〇年　三月末

幸福《こうふく》の科学《かがく》グループ創始者兼総裁《そうししゃけんそうさい》　大川隆法《おおかわりゅうほう》

『世界紛争の真実』大川隆法著作関連書籍

『太陽の法』（幸福の科学出版刊）
『黄金の法』（同右）
『永遠の法』（同右）
『「宇宙の法」入門』（同右）
『朝の来ない夜はない』（同右）

※左記は書店では取り扱っておりません。最寄りの精舎・支部・拠点・布教所までお問い合わせください。
『大川隆法霊言全集 別巻1 ミカエルの霊言①』（宗教法人幸福の科学刊）
『大川隆法霊言全集 別巻2 ミカエルの霊言②』（同右）
『大川隆法霊言全集 別巻4 ミカエルの霊言③』（同右）

世界《せかい》紛争《ふんそう》の真実《しんじつ》 ―ミカエル vs. ムハンマド―

2010年4月20日　初版第1刷

著　者　　大《おお》川《かわ》隆《りゅう》法《ほう》

発行所　　幸福の科学出版株式会社

〒142-0041 東京都品川区戸越1丁目6番7号
TEL(03)6384-3777
http://www.irhpress.co.jp/

印刷・製本　株式会社 サンニチ印刷

落丁・乱丁本はおとりかえいたします

ISBN978-4-86395-034-4 C0030
Photo: ©Agb ©javarman (Fotolia.com)

大川隆法 ベストセラーズ・法シリーズ≪基本三法≫

太陽の法

エル・カンターレへの道

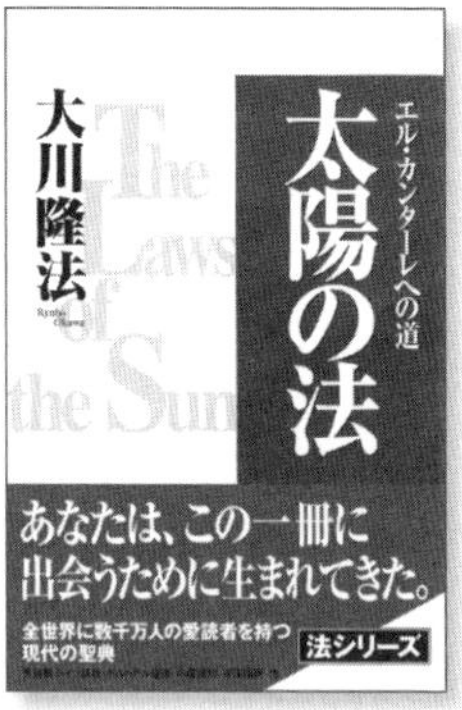

創世記や愛の段階、悟りの構造、文明の流転を明快に説き、主エル・カンターレの真実の使命を示した、仏法真理の基本書。

2,000円

黄金の法

エル・カンターレの歴史観

歴史上の偉人たちの活躍を鳥瞰しつつ、隠されていた人類の秘史を公開し、人類の未来をも予言した、空前絶後の人類史。

2,000円

永遠の法

エル・カンターレの世界観

『太陽の法』(法体系)、『黄金の法』(時間論)に続いて、本書は空間論を開示し、次元構造など、霊界の真の姿を明確に説き明かす。

2,000円

※表示価格は本体価格(税別)です。

大川隆法最新刊・希望の未来を創造する

危機に立つ日本

国難打破から未来創造へ

2009年「政権交代」が及ぼす国難の正体と、現政権の根本にある思想的な誤りを克明に描き出す。未来のための警鐘を鳴らし、希望への道筋を掲げた一書。

第1章　国難選挙と逆転思考
第2章　危機の中の経営
第3章　危機に立つ日本
第4章　日本沈没を防ぐために
第5章　世を照らす光となれ

1,400円

創造の法

常識を破壊し、新時代を拓く

斬新なアイデアを得る秘訣、究極のインスピレーション獲得法など、仕事や人生の付加価値を高める実践法が満載。業績不振、不況など難局を打開するヒントがここに。

第1章　創造的に生きよう
第2章　アイデアと仕事について
第3章　クリエイティブに生きる
第4章　インスピレーションと自助努力
第5章　新文明の潮流は止まらない

1,800円

幸福の科学出版

エクソシスト入門

実録・悪魔との対話

悪霊を撃退するための心構えが説かれた悪魔祓《ばら》い入門書。宗教がなぜ必要なのか、その答えがここにある。

第1部 第1章 エクソシスト入門
第2章 質疑応答
第2部 第1章 悪魔との対話――悪霊現象とは何か
第2章 高橋信次霊との対話

1,400円

「宇宙の法」入門

宇宙人とＵＦＯの真実

あの世で、宇宙にかかわる仕事をされている６人の霊人が語る、驚愕の真実。宇宙人の真実の姿、そして、宇宙から見た「地球の使命」が明かされる。

第１章 「宇宙の法」入門
登場霊人　エンリル／孔子／アテナ／リエント・アール・クラウド
第２章 宇宙人とＵＦＯの真実
登場霊人　ゼカリア・シッチンの守護霊／アダムスキー

1,200円

※表示価格は本体価格(税別)です。

大川隆法 ベストセラーズ・霊言シリーズ

一喝！
吉田松陰の霊言

21世紀の志士たちへ

明治維新の原動力となった情熱、気迫、激誠の姿がここに！ 指導者の心構えを説くとともに、日本を沈めようとする現政権を一喝する。

1,200円

龍馬降臨

幸福実現党・応援団長 龍馬が語る「日本再生ビジョン」

坂本龍馬の180分ロングインタビュー（霊言）を公開で緊急収録！ 国難を救い、日本を再生させるための戦略を熱く語る。

1,300円

松下幸之助
日本を叱る

天上界からの緊急メッセージ

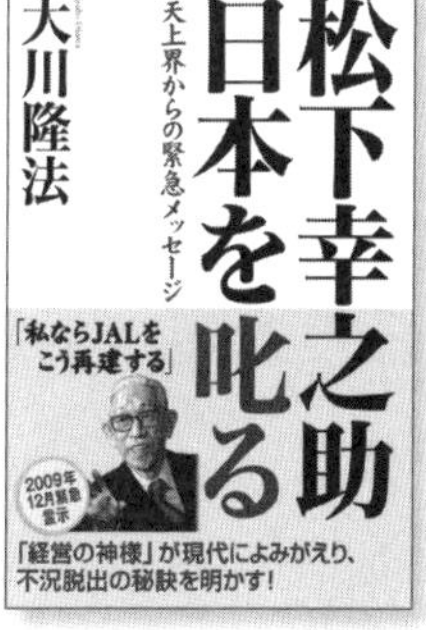

天上界の松下幸之助が語る「日本再生の秘策」。国難によって沈みゆく現代日本を、政治、経済、経営面から救う待望の書。

1,300円

幸福の科学

あなたに幸福を、地球にユートピアを——
宗教法人「幸福の科学」は、
この世とあの世を貫く幸福を目指しています。

幸福の科学は、仏法真理《ぶっぽうしんり》に基づいて、まず自分自身が幸福になり、その幸福を、家庭に、地域に、国家に、そして世界に広げていくために創られた宗教です。

「愛とは与えるものである」「苦難・困難は魂を磨く砥石《といし》である」といった真理を知るだけでも、悩みや苦しみを解決する糸口がつかめ、幸福への一歩を踏み出すことができるでしょう。

この仏法真理を説かれている方が、大川隆法総裁です。かつてインドに釈尊《しゃくそん》として、ギリシャにヘルメスとして生まれ、人類を導かれてきた存在、主エル・カンターレが、現代の日本に下生《げしょう》され、救世の法を説かれているのです。

主を信じる人は、どなたでも幸福の科学に入会することができます。あなたも幸福の科学に集い、本当の幸福を見つけてみませんか。

幸福の科学の活動

●全国および海外各地の精舎《しょうじゃ》、支部・拠点などで、大川隆法総裁の御法話拝聴会、祈願や研修などを開催しています。

●精舎は、日常の喧騒《けんそう》を離れた「聖なる空間」です。心を深く見つめることで、疲れた心身をリフレッシュすることができます。

●支部・拠点は「心の広場」です。さまざまな世代や職業の方が集まり、心の交流を行いながら、仏法真理を学んでいます。

幸福の科学入会のご案内

◆精舎、支部・拠点・布教所にて、入会式にのぞみます。入会された方には、経典《きょうてん》「入会版『正心法語《しょうしんほうご》』」が授与されます。

◆仏弟子としてさらに信仰を深めたい方は、三帰誓願式《さんきせいがんしき》を受けることができます。三帰誓願式とは、仏・法・僧の三宝《さんぼう》への帰依《きえ》を誓う儀式です。

◆お申し込み方法等は、最寄りの精舎、支部・拠点・布教所、または左記までお問い合わせください。

幸福の科学サービスセンター

TEL 03-5793-1727

受付時間　火～金：一〇時～二〇時　土・日：一〇時～一八時

大川隆法総裁の法話が掲載された、幸福の科学の小冊子（毎月１回発行）

月刊「幸福の科学」
幸福の科学の
教えと活動がわかる
総合情報誌

「ザ・伝道」
涙と感動の
幸福体験談

「ヘルメス・エンゼルズ」
親子で読んで
いっしょに成長する
心の教育誌

「ヤング・ブッダ」
学生・青年向け
ほんとうの自分
探究マガジン

幸福の科学の精舎、支部・拠点に用意しております。
詳細については下記の電話番号までお問い合わせください。

TEL 03-5793-1727

宗教法人 幸福の科学 ホームページ　**http://www.kofuku-no-kagaku.or.jp/**